JN443660

개성댁들의 개성음식 이야기

윤숙자 · 이명숙 지음

지구문화
JIGU CULTURE

머리말 Preface

'개성댁들의 개성음식 이야기'를 펴내며...

서울에서 자동차로 달리면 불과 한 시간 남짓이면 닿을 지척에 있는 곳, 하지만 반세기가 넘는 분단의 세월에 가로막혀 지금은 가고 싶어도 갈 수 없는 땅, 개성!

그곳이 이 책을 함께 펴낸 저희 두 사람의 그리운 고향입니다. 이 책의 공동저자인 저와 이명숙 원장은 개성을 같은 고향으로 둔 개성댁들이며, 시누이와 올케 사이라는 특별한 인연을 갖고 있습니다. 또한 지금은 (사)한국전통음식연구소에서 우리 음식을 연구하고 가르치는 일을 평생의 업으로 삼고, 같은 길을 걸어가는 소중한 벗이기도 합니다.

짧지 않은 시간동안 한국전통음식연구소라는 공간에서 한국음식의 세계화를 위해 함께 호흡하고 열정을 쏟아온 저희 두 사람은 이번에 뜻을 모아 우리들의 어머니로부터 물려받은 고향음식이며 서울, 전주음식과 함께 우리나라 3대 음식 중 하나로 꼽히는 개성음식에 관한 책을 펴내게 되었습니다.

개성에서 뿌리를 내리고 살아온 집안 내력으로 인해 할머니에게서 어머니로, 또 저에게로 전수된 우리 집안의 음식은 개성음식의 특색이 진하게 묻어 있습니다. 워낙 손이 야무지고 음식 솜씨가 뛰어나기로 소문난 어머니는 종갓집의 큰살림을 어려움 없이 해 내셨고, 그런 어머니는 저에게 30여 년간 음식을 만드는 이의 마음가짐과 정성, 배려의 마음을 일깨워 준 스승이 되신 분입니다.

저의 올케인 이명숙 원장은 개성시 동현동에서 3남 2녀 중 장녀로 태어나, 종갓집 맏며느리로 시집와서 잠시도 쉴 틈이 없으셨던 친정어머니를 그림자처럼 따라다니며 일을 도와드렸다고 합니다. 친정어머니의 음식 솜씨는 인근에 소문이 자자하셔서 동네에 큰일이 있으면 서로 모셔가려고 경쟁을 하였다고 합니다.

그러니까 같은 길을 걸어가는 우리 두 사람 음식 인생의 뿌리는 두 분의 어머니와 고향 땅 개성에 닿아 있다고 할 수 있습니다. 이러한 연유로 함께 나이 들어가며 인생의 나이테를 늘려가고 있는 저희는 모처럼 고향 이야기와 어머니 이야기로 꽃을 피우며, '개성댁들의 개성음식 이야기' 라는 주제로 책을 펴내자고 의기투합하게 되었습니다.

그동안 전통음식 연구의 성과물들을 수많은 책으로 펴냈지만, 마음 한켠에는 늘 아쉬움이 있었습니다. 그것은 마음속 깊은 곳에 우리 음식 인생의 뿌리이며 스승이신 어머니께 배웠던 음식을 후대까지 전하고 싶은 갈망이 있었기 때문입니다. 아장아장 걸으며 두 팔에 안기는 손녀와 손자를 보면서, 우리 어머니들이 정성으로 차리고 알려주셨던 음식을 이 아이들이 커서도 알 수 있도록 책으로 남겨야겠다는 생각을 하게 되었습니다.

그래서 이번 작업은 밤을 새면서도 힘든 줄을 모르는 기쁘고 즐거운 작업이었으며, 이 책을 만들면서 저희 두 사람은 행복하고 감사한 시간을 갖게 되었습니다. 어린 시절 할머니와 어머니가 해주셨던 음식을 만들어보며 이야기꽃을 피웠고, 그 시절이 그리워 때론 눈물도 흘리고, 소소하고 재밌는 추억에 함께 즐거워하였습니다.

이제 그 오랜 소망이 결실을 맺어 개성음식과 그 이야기를 담은 이 책이 세상에 나오게 된다니 그 기쁨이 말할 수 없이 큽니다. 이 책에는 조랭이떡국, 개성편수, 개성무찜, 율고, 홍해삼, 개성주악, 물경단, 개성엿강정, 배피떡 등 1월부터 12월까지 일 년 열두 달, 시절과 계절별로 즐겨 먹었던 대표적인 110여종의 개성음식 만드는 법과 음식에 얽힌 재미있고 다양한 이야기가 함께 실려 있습니다. 여기에 실린 개성음식들은 우리네 할머니에서 어머니에게로 손끝에서 손끝으로 전해져 내려온 음식들입니다.

정갈하고 맛깔스러우며 제철 재료를 가지고 조리하여 양념의 맛이 아닌 재료 고유의 맛과 향기가 살아 있으며, 음식을 만드는 과정 어느 곳에서도 소홀할 수 없이 준비하는 이의 정성과 수고가 깃들어 있습니다.

또한 이 책에 담긴 음식 이야기들은 어린 시절부터 할머니와 어머니에게서 듣고 배워왔던 이야기들을 바탕으로 하나 둘 추억을 되새기고, 부족한 부분은 그동안 개성음식을 연구하며 모아온 옛 문헌과 자료를 더해 가며 기록한 것입니다.

독자여러분들은 이 책을 통해 오랜 역사를 갖고 있으면서도 그동안 접하기 쉽지 않았던 다양한 개성음식을 만날 수 있을 것입니다. 그리고 이 책이 음식을 공부하는 후학들에게는 전통음식에 대한 이해의 폭을 조금 더 넓히고 우리 음식의 소중함을 다시 한 번 생각해보는 계기가 되었으면 합니다. 또한 고향에 갈 수 없는 실향민들에게는 이 책에 실린 음식과 이야기들이 조금이나마 위로와 추억이 되길 바라며, 하루빨리 남과 북이 자유로이 왕래할 수 있는 그날이 오길 기대해 봅니다.

이 책이 나오기까지 정성과 열정을 함께 쏟아 준 모든 분들께 이 지면을 빌어 고마움을 전합니다. 언제나 격려와 성원을 보내주시는 (주)질시루의 최정환회장님, 수많은 실험조리의 과정을 함께 해 주신 한국전통음식연구소의 연구원 선생님들, 사진을 맡아주신 백경호 선생님, 이 책의 출간을 위해 애쓰신 지구문화사의 주병오 사장님과 편집팀 여러분께 진심으로 감사의 말씀을 드립니다.

끝으로 우리 전통음식의 멋과 운치를 일깨워주고 음식을 만드는 이의 정성과 마음가짐을 몸소 가르쳐준 우리네 어머니들께 이 책을 바칩니다.

2012년 성하에

(사)한국전통음식연구소장 윤 숙 자

차례 Contents

여름

夏

가을

秋

겨울

봄 春

Story Telling

해물솥밥은 불린 멥쌀과 찹쌀에 새우와 굴, 홍합을 넣고 지은 밥이다. 해물솥밥은 다양한 해물들이 들어가서 겨울철에 먹으면 별미이다. 특히 개성지방은 겨울철에 굴이 고소하며 무가 달고 시원해서 굴과 무를 이용한 음식을 즐겨 먹었다. 어머니가 가끔씩 별식으로 해주시던 해물솥밥은 특히 맛이 있고 향이 좋아 다른 찬 없이도 양념장만 있으면 비벼서 맛있게 먹을 수 있었다.

01

해물솥밥

재료 및 분량

멥쌀 2컵, 찹쌀 ½컵, 물 2½컵,
새우 60g, 굴 80g, 홍합 80g
무 40g, 대추 4개, 은행 8개
양념장 : 간장 1큰술, 고춧가루 ½큰술, 다진파 ¼큰술
다진마늘 ½작은술, 깨소금 ½작은술, 후춧가루 ⅛g
참기름 ½큰술

재료 준비

1. 멥쌀과 찹쌀을 깨끗이 씻어 일어서 30분 정도 불리고, 체에 밭쳐 10분 정도 물기를 뺀다.
2. 새우는 씻어서 꼬치로 등쪽의 내장을 꺼내고 머리와 껍질을 벗겨서 길이로 반을 자른다.
3. 굴과 홍합은 소금물에 씻어서 체에 밭쳐 물기를 뺀다. 무는 손질하여 가로 · 세로 1cm 정도로 얇게 썬다.
4. 대추는 면보로 닦고 살만 돌려 깎아 6등분한다.
5. 팬을 달구어 식용유를 두르고, 은행을 넣어 중불에서 굴려 가며 2분 정도 볶아 껍질을 벗긴다.

만드는 방법

1. 냄비에 멥쌀과 찹쌀, 물을 붓고 센불에 올려 끓으면, 4분 정도 더 끓인다.
2. 중불로 낮추어 새우와 굴, 홍합, 무를 넣고 4분 정도 끓인 다음에 대추와 은행을 넣고 약불로 낮추어 10분 정도 뜸을 들인다.
3. 밥은 주걱으로 고루 섞은 다음, 그릇에 담고 양념장과 함께 낸다.

Tip

- 밥이 끓을 때 밥물이 넘지 않도록 조심하고, 고슬고슬하게 짓는다.
- 해물은 기호에 따라 종류를 달리하여 넣기도 하고 가을에는 싸리버섯을 넣기도 한다.

Story Telling

개성게장 비빔밥은 살아 있는 싱싱한 꽃게의 살과 내장을 발라 양념하여 만든 것으로 채소와 함께 밥에 올려 비벼먹는 음식이다. 어머니는 게장을 자주 해주셨는데 살아 있는 꽃게로 게장을 만들었기 때문에 달고 맛이 있었다. 그 맛을 잊지 못해 시집을 와서 게장을 담그었더니 시댁 식구들은 날것을 좋아하시지 않아 게장에 물을 조금 넣고 끓여 드렸다. 꽃게는 산란 직전 4~5월이 맛이 있다. 그러나 '구자십웅(口子十雄)'이라 하여 암게는 9월, 수게는 10월에 가장 맛이 좋다고 하였다.

02

개성 게장 비빔밥

재료 및 분량

멥쌀 2½컵, 물 3컵
꽃게 1마리, 소금¼작은술
양념장 : 간장 1큰술, 청장 1큰술, 설탕 ½큰술
물 2큰술
양념 : 고운고춧가루 1큰술, 다진마늘 ¼큰술
다진생강 ½작은술, 통깨 ½큰술, 청고추 1개
홍고추 ½개, 영양부추 50g, 양파 ¼개(60g)
참기름 1큰술

재료 준비

1. 멥쌀은 깨끗이 씻어 일어서 물에 30분 정도 불리고 체에 밭쳐 물기를 뺀다.
2. 꽃게는 솔로 깨끗이 씻어서 게 등딱지와 몸통을 분리하여 아가미와 모래주머니는 떼어 내고 게등딱지와 몸통의 살과 내장은 발라내서 소금을 뿌린다.
3. 청 · 홍고추는 씻어서 길이로 반을 잘라 씨와 속을 떼어 내고 채 썬다.
4. 영양부추는 다듬어서 깨끗이 씻고 길이 3㎝ 정도로 썬다. 양파는 다듬어 씻은 다음, 채 썰어 찬물에 헹구어 물기를 뺀다.

만드는 방법

1. 냄비에 멥쌀과 물을 붓고, 센불에 올려 끓으면 4분 정도 더 끓이다가, 중불로 낮추어 3분 정도 끓이고, 쌀알이 퍼지면 약불로 낮추어 10분 정도 뜸을 들인다.
2. 냄비에 양념장을 넣고 센불에 올려 끓으면 약불로 낮추어 2분 정도 더 끓여 체에 밭쳐 식힌다.
3. 끓여 식힌 양념장에 양념을 넣고 고루 섞은 다음, 게살과 내상, 정 · 홍고추를 함께 넣고 섞어서 게장을 만든다.
4. 그릇에 밥을 담고 게장과 영양부추, 양파, 참기름을 넣는다.

Tip

- 만들어 바로 먹을 수 있으며, 1~2일 정도 냉장 숙성시켜 먹으면 좋다.
- 기호에 맞는 다른 채소를 곁들여도 좋다.
- 꽃게장은 오래 두고 먹으면 꽃게의 살이 녹아 없어지므로 알맞게 담아 바로 먹는다.

Story Telling

북어해장국은 북어에 무를 채 썰어 넣고 참기름에 볶다가 물을 넣고 끓인 국이다. 아버님께서 저녁 늦게 술을 드신 다음날이면 어김없이 부엌에서 북어 두드리는 소리가 들린다. 몇 번의 소리가 나다 잠잠해지면 문틈 사이로 구수하고 진한 참기름과 북어향이 흘러 들어와 우리를 깨웠다. 어머니의 북어해장국은 무를 참기름에 미리 볶아서 참기름의 고소함이 가득했고 포옥 끓여 국물맛이 진했다. 시원한 국에 밥 한 그릇 뚝딱하면 술을 마시지 않은 나도 속이 든든해졌다. 북어는 간을 보호하고 해독하는 효과가 있으니 아버지께서 술 드신 다음날 최고의 음식이 아닐까 싶다. 나도 결혼한 후로는 그때의 어머니처럼 말없이 북어를 두드리며 시원한 북어해장국으로 남편의 속을 풀어주곤 하였다.

03

북어해장국

재료 및 분량

북어포(껍질 벗긴 황태포) 1마리(70g)

양념 : 다진파 1큰술, 다진마늘 1작은술
흰후춧가루 ⅛작은술, 참기름 ½큰술

무 100g, 참기름 ½큰술

물 7컵(1.4kg)

실파 20g, 홍고추 ¼개

청장 1작은술, 소금 ¾큰술

달걀 ½개

재료 준비

1. 북어포는 머리와 꼬리 · 지느러미를 떼어내고, 물에 10초 정도 담그었다가 젖은 면보에 싸서 30분 정도 둔다.
2. 북어포가 부드러워지면 뼈와 가시를 떼어 내고, 길이 5cm, 폭 1cm 정도로 찢어 준비한 양념으로 양념한다.
3. 무는 손질하여 깨끗이 씻은 후, 가로 2.5cm, 세로 3cm, 두께 0.3cm 정도로 나박 썬다.
4. 실파는 손질하여 깨끗이 씻어 길이 3~4cm 정도로 자르고 홍고추는 길이로 반을 잘라 씨를 떼어내고 길이 3cm, 폭 · 두께 0.3cm 정도로 채 썬다.
5. 달걀은 풀어 놓는다.

만드는 방법

1. 냄비를 달구어 참기름을 두르고, 북어와 무를 넣은 후에 중불로 볶다가 물을 붓고, 센불에서 7분 정도 끓인다.
2. 끓는 국을 중불로 낮추어 북어의 맛이 우러났으면 청장과 소금으로 간을 맞춘다.
3. 실파와 홍고추를 넣고 달걀로 줄알을 치고 2분 정도 더 끓인다.

Tip

- 들깨가루를 넣고 끓일 수도 있다.
- 달걀로 줄알을 칠 때 달걀에 물을 넣으면 부드러워져서 좋다. (달걀 ½개, 물 2큰술)

春

Story Telling

조기애탕은 조기대가리에 삶은 쑥을 다져 넣고 완자를 빚어서 끓인 음식이다. 따뜻한 4월의 봄날이면 어머니는 조기를 구입하셨다. 조기가 알을 배어서 통통하고 살이 올라 일년 중 제일 맛있다고 하셨다. 조기를 사오신날은 어김없이 봄날의 주인공인 쑥을 넣고 조기애탕을 끓여주셨다. 원래 애탕은 어린 쑥과 쇠고기를 다진 후에 완자를 빚어서 맑은 장국에 끓인 국인데 개성지방에서는 쇠고기 대신 조기대가리와 쑥을 다져 넣고 완자를 빚어서 조기애탕을 끓인다. 조기는 사람의 기운을 북돋아 준다는 의미에서 조기(助氣)라 이름이 붙여져서 그런지 유난히 추위를 잘 타고 잔병이 많았던 나를 위해 어머니께서 봄철이면 빠지지 않고 해주시던 보양식이다. 쑥 내음이 물씬 나는 봄이 되면 어머님의 조기애탕이 한없이 그리워진다.

04

조기애탕

재료 및 분량

큰 조기 2마리(500g), 쑥 50g
완자양념 : 다진파 14g, 마늘 3g 생강즙 16g, 후춧가루 1g, 소금 ½작은술
쑥갓 20g, 청 · 홍고추 ½개씩, 대파 20g
국멸치 30g, 물 10컵
소금 ½큰술, 다진마늘 16g, 청장 18g
달걀 55g, 식용유

재료 준비

1. 조기는 비늘을 긁어내고 지느러미와 내장을 떼어 낸 후 깨끗이 씻어 세 토막으로 자른다.
2. 냄비에 국멸치를 넣고 잠깐 볶다가 물을 붓고 센불에 올려 끓으면 중불로 낮추어 10분 정도 끓여 멸치육수를 만든다.
3. 쑥은 깨끗이 씻어 끓는 물에 살짝 데쳐 내어 찬물에 헹군 다음, 물기를 짠 후에 곱게 다진다.
4. 청 · 홍고추와 대파는 어슷썬다.

만드는 방법

1. 조기 머리는 아가미와 주둥이를 떼어내고 분쇄기에 곱게 갈아서 완자양념을 넣고 다진 쑥과 함께 지름 1.5cm 크기로 완자를 빚는다.
2. 완자에 밀가루를 입히고 달걀을 씌운 다음, 달구어진 팬에 넣고 중불에 지져낸다.
3. 냄비에 육수를 붓고 끓으면 조기를 넣고 끓이다가 완자를 넣고 다진 마늘을 넣는다.
4 국이 다 끓으면 청장으로 간하고, 쑥갓과 청 · 홍고추 대파를 넣고 2분 정도 더 끓인다.

Tip

- 쑥과 완자는 식성에 따라 가감한다.
- 멸치육수는 센불에서 끓으면 중불로 줄여 10분 정도만 끓여야 깨끗하고 맛이 좋다. 오래 끓이면 뿌옇고 맛이 텁텁하다.

春

Story Telling

도라지 탕은 도라지를 먹기 좋게 손질하여 녹말을 묻히고 닭육수에 넣고 끓인 음식이다. 예로부터 '일(一) 인삼, 이(二) 더덕, 삼(三) 도라지'라는 말이 있듯이 도라지는 생김새뿐만 아니라 약효가 인삼과 비슷하여 음식뿐만 아니라 약으로도 즐겨 먹었다. 도라지는 주로 2~3년 정도 자란 뿌리를 먹지만 잎은 씻어서 끓는 물에 살짝 데쳐서 나물로 무쳐먹기도 한다. 어머니는 밭에 심은 도라지를 열심히 캐신 후에 껍질을 벗겨서 잔도라지는 볶으시고 굵은 도라지는 채 썰어 말리시기도 하고 나머지는 도라지탕을 끓이셨다.

05

도라지탕

재료 및 분량

껍질 벗긴 도라지 100g, 소금 2작은술

도라지 데치는 물 : 물 4컵, 소금 1/4작은술

황기 10g, 물 8컵, 닭가슴살 100g, 느타리버섯 30g

청고추 1개, 홍고추 1개

녹말 2큰술, 소금 1/2작은술,

향채 : 파 20g, 마늘 10g, 생강 10g

양념장 : 청장 1작은술, 소금 1/2작은술, 다진파 1/2큰술 다진마늘 1작은술, 후춧가루 1/8작은술, 참기름 1작은술

재료 준비

1. 도라지는 깨끗이 씻어 껍질을 벗기고 길이 4cm, 폭 · 두께 0.5cm 정도로 채 썰고, 소금으로 주물러 10분 정도 둔다.
2. 황기는 씻어서 2시간정도 물에 불린다. 느타리버섯은 씻어 굵은 것은 길이로 찢는다.
3. 청 · 홍고추는 씻어서 길이로 반을 잘라 씨와 속을 떼어 내고 길이 3cm 폭 · 두께 0.2cm 정도로 채 썬다.
4. 향채는 다듬어서 깨끗이 씻는다.

만드는 방법

1. 냄비에 황기와 황기 불린 물을 붓고 센불에 올려 끓으면 중불로 낮추어 30분 정도 끓인 다음, 체에 내려 황기물을 만든다.
2. 냄비에 닭과 황기 삶은 물을 붓고 센불에 올려 끓으면 중불로 낮추어 10분 정도 끓이다가 향채를 넣고 20분 정도 더 끓인다. 닭고기는 건져서 살만 발라 찢고, 양념장의 1/2량을 넣어 양념하고, 국물은 식혀서 면보에 걸러 육수를 만든다.
3. 냄비에 물을 붓고 센불에 올려 끓으면 소금을 넣고 도라지와 느타리버섯을 넣고 각각 데쳐 물기를 빼고, 나머지 양념장의 1/2량을 넣고 양념한다.
4. 도라지와 닭살, 느타리버섯, 청 · 홍고추에 녹말을 고루 묻힌다.
5. 냄비에 육수를 붓고 센불에 올려 끓으면 중불로 낮추고 도라지와 닭살, 느타리버섯을 넣고 2분 정도 끓인 다음 청 · 홍고추와 소금을 넣고 간을 맞추어 2분 정도 더 끓인다.

Tip

- 녹두녹말 대신 동부녹말을 사용하기도 한다.
- 닭살과 도라지, 느타리버섯을 육수에 넣고 센불보다는 중불에서 끓여야 국물이 맑다.

Story Telling

쇠갈비 두부탕은 쇠갈비를 푹 삶아 갈비살을 저며 썰어 두부와 함께 넣고 고명을 올려서 밥과 함께 먹는 음식이다. 갈비탕은 오늘날에도 결혼식 등의 잔칫날에 대접받는 음식이듯 예전에도 특별한 날 먹는 귀한 음식이었다. 특히 개성의 갈비탕에는 두부가 들어가는데 갈비의 쫄깃한 맛과 두부의 부드러운 맛이 조화를 이룰 뿐만 아니라 고기를 충분히 먹기 어려운 시절, 두부를 넉넉히 넣고 푸짐하게 만든 음식이다. 갈비가 부족할 때 갈비는 1~2개 넣고 두부를 잔뜩 넣어 한 그릇 가득 갈비탕을 담아 주셨는데 지금도 생각이 나서 가끔 끓여먹어 보면 그 때 어머니가 해주신 것처럼 맛이 있지 않았다.

06

쇠갈비 두부탕

재료 및 분량

쇠갈비 300g 튀하는 물 5컵, 물 9컵

탕국향채 : 파 20g, 마늘 20g, 양파 50g

양념장 : 청장 1작은술, 소금 1/4작은술
다진 파 1/2작은술, 다진 마늘 1/2작은술
후춧가루 1/8작은술

두부 1/3모, 파 20g, 소금 1/2작은술

재료 준비

1. 쇠갈비는 길이 4cm 정도로 잘라서, 핏물을 빼고 힘줄과 기름을 떼어 낸다.
2. 향채는 다듬어 깨끗이 씻는다.
3. 두부는 가로 3cm 세로 2cm 두께 0.7cm 정도로 썬다.
4. 파는 다듬어 씻고, 길이 2cm 두께 0.3cm 정도로 어슷 썬다.

만드는 방법

1. 냄비에 튀하는 물을 붓고, 센불에 올려 끓으면 갈비를 넣고, 5분 정도 튀해서 물은 버린다.
2. 냄비에 갈비와 물을 붓고, 센불에 10분 정도 올려 끓으면, 중불로 낮추어 40분 정도 끓이다가 향채를 넣고 30분 정도 더 끓인다.
3. 쇠갈비는 건져서 뼈를 발라내고 가로 · 세로 · 두께 2.5cm 정도로 썬 다음 양념장을 넣어 양념하고, 국물은 식혀서 면보에 걸러 육수를 만든다.
4. 냄비에 갈비와 육수를 붓고 센불에 올려 끓으면, 두부를 넣고 5분 정도 끓이다가 파와 소금을 넣고 2분 정도 더 끓인다.

Tip

- 소금과 고춧가루, 후춧가루, 파 등을 곁들여 내기도 한다.
- 기호에 따라 소면이나 당면을 삶아 넣기도 한다.
- 무를 넣어 시원한 맛을 내기도 한다.
- 두부가 부서지지 않도록 끓인다.

Story Telling

개성알찌개는 달걀을 푼 물에 다진 쇠고기를 넣고 곤쟁이젓으로 간을 맞추어 찌는 음식으로 보통은 알찜이라 하지만 개성에서는 이를 알찌개라 한다. 개성사람들은 밥을 하다 뜸이 들 때쯤 밥솥에 알찜그릇을 넣고 쪘다. 곤쟁이젓은 2~3월경 서해안의 깊은 바다에서 잡히는 아주 작은 새우에 소금을 넣고 담근 것으로, 숙성되면 자주색을 띠어 자하젓이라고도 한다. 곤쟁이젓의 유래는 조선 중종 때의 조광조 일파를 숙청하는 기묘사화를 일으켰던 남곤과 심정의 이름에서 유래되었다는 설이 있는데, '젓 담아 버릴 사람'이라는 비난이 담긴 말이라 한다.

07

개성알찌개

재료 및 분량

달걀 4개, 물 2컵, 곤쟁이젓 20g

다진 쇠고기 40g

양념 : 간장 1작은술, 다진파 ½작은술,

다진 마늘 ¼작은술, 후춧가루 0.1g

석이버섯 1g, 참기름 1g, 실파(푸른부분) 2g,

실고추 0.1g, 찌는 물 3컵

재료 준비

1. 달걀은 깨뜨려 알끈을 떼어 내고, 흰자와 노른자가 고루 섞이도록 잘 젓는다.
2. 달걀에 물을 붓고 곤쟁이젓으로 간을 하여 고루 섞은 뒤, 체에 내려 달걀물을 만든다.
3. 다진 쇠고기는 양념을 넣어 양념하고 달걀물에 넣어 고루 섞는다.
4. 석이버섯은 물에 1시간 정도 불린 후 깨끗이 비벼 씻고, 물기를 닦아 돌돌 말아서 0.1㎝ 정도로 채 썬다.
5. 실파는 다듬어 씻어서 길이 1㎝ 두께 0.1㎝ 정도로 어슷 썰고, 실고추도 길이 1㎝ 정도로 자른다.

만드는 방법

1. 팬을 달구어 참기름을 두르고 석이버섯을 넣어 약불에서 20초 정도 볶는다.
2. 달걀물을 4등분하여 각각의 알찜 그릇에 나누어 붓는다.
3. 냄비에 물을 붓고 알찜 그릇을 넣은 다음, 센불에 올려 끓으면 약불로 낮추어 13분 정도 중탕하여 찐다.
4. 알찜 위에 석이버섯과 실파 · 실고추를 고명으로 얹고 1분 정도 더 찐다.

Tip

- 알찜은 센불에서 찌면 단단해지고 기포가 많이 생겨 표면이 거칠어지므로 중불 또는 약불에서 찐다.
- 알찜은 오랜 시간 찌면 단단해지고 푸른색으로 변하므로 찌는 시간에 주의한다.

Story Telling

황태찜은 북어를 불린 후 손질하여 양념장을 넣고 매콤하게 쪄서 만든 음식이다. 겨우내 얼었다 녹았다를 반복해서 노랗게 잘 말린 황태는 갑자기 찾아온 손님을 대접하기 위한 특별식이다. 예전에는 통북어를 물에 반나절 정도 담가 부드러워졌으면 방망이로 두들겨 펴서, 익힐 때 줄어들지 않게 껍질쪽에 칼집을 많이 넣고 양념하여 윤기나게 졸였다. 명태는 말리고 얼리는 정도에 따라 구분되는데, 선어(鮮魚)상태를 생태라 하고, 얼린 것을 15일 정도 반쯤 말린 것을 코다리, 바짝 얼린 것은 동태, 60일간 정도 건조한 것을 북어, 40일 정도 얼렸다 말렸다를 20번 이상 반복한 것을 황태라고 한다.

08

황태찜

재료 및 분량

북어(껍질 안 벗긴 황태포) 1마리

양념장 : 고추장 1큰술, 고춧가루 1큰술

간장 ½큰술, 설탕 ½작은술, 다진파 ½큰술,

다진마늘 ½작은술, 다진 생강 1작은술, 통깨 1작은술

후춧가루 ⅛작은술, 참기름 ½큰술, 물엿 ½큰술

청고추 1개, 홍고추 ½개, 파 20g

고명 : 파 10g, 생강 5g, 물 1컵

재료 준비

1. 북어는 머리와 꼬리 · 지느러미를 떼어 내고 물에 10초 정도 담갔다가 건진 다음, 젖은 면보에 싸서 30분 정도 둔 다음 부드러워지면 물기를 닦고 뼈와 가시를 떼어 낸다.
2. 불린 북어는 오그라들지 않도록 껍질 쪽에 폭 2cm 간격으로 칼집을 넣고 길이 6cm 정도로 자른다.
3. 청 · 홍고추와 파는 다듬어서 깨끗이 씻고 길이 2cm 두께 0.3cm 정도로 어슷 썬다.
4. 고명용 파와 생강은 길이 2cm 폭 · 두께 0.1cm로 채써다.

만드는 방법

1. 냄비에 북어와 양념장을 켜켜로 얹고 물을 부은 다음, 센불에 올려 끓으면, 중불로 낮추어 뚜껑을 덮고 가끔 양념장을 끼얹어가며 5분 정도 끓인다.
2. 국물이 자작해지면 약불로 낮추어 청 · 홍고추와 파를 넣고, 고명으로 파와 생강을 올려 2분 정도 더 끓인다.

Tip

- 북어가 충분히 불지 않으면 뼈를 떼어낼 때 북어살이 떨어지므로 충분히 불린다.
- 황태찜은 노랗게 잘 말린 황태로 만들어야 맛이 있다.
- 황태를 더덕북어라고도 한다

Story Telling

청포묵을 가늘게 채 썰고 소금과 통깨, 참기름으로 양념하여 김을 바싹 구어 부수어 넣고 같이 무친 음식이다. 청포묵은 녹두전분으로 만든 것으로 주로 입맛이 없는 봄이나 초여름에 만들어 먹었다. 다른 묵과는 달리 청포묵은 색이 투명하고 질감이 부드러워 얇게 썰어도 끊어지지 않는데 청포묵무침의 얇기를 보고 그 집안 아낙네의 솜씨가 많고 적음을 가늠하기도 하였다고 한다. 그러나, 최근에는 녹두녹말을 구하기 어려워 동부녹말을 사용하기도 한다.

09

개성묵무침

재료 및 분량

청포묵 300g, 소금 ½작은술, 물 3컵
김 1장, 소금 1작은술, 참기름 ½큰술
통깨 ½작은술

재료 준비

1. 청포묵은 가볍게 씻어 물기를 닦는다.
2. 청포묵은 길이 6cm 폭 · 두께 0.2cm 정도로 채 썬다.

만드는 방법

1. 냄비에 물을 붓고 센불에 올려 끓으면 소금과 청포묵을 넣고 30초 정도 데친 후, 체에 밭쳐 물기를 뺀다. 청포묵이 말랑하면 데치지 않아도 된다.
2. 김은 약불에서 앞 · 뒤로 10초 정도 바삭하게 구워서 잘게 부순다.
3. 청포묵에 소금과 참기름을 넣고 고루 버무린 다음, 잘게 부순 김과 통깨를 넣고 고루 섞는다.

Tip

- 개성 청포묵무침은 김가루를 충분히 넣고 무친다.
- 김은 먹기 직전에 넣고 무친다. (식성에 따라 더 많이 넣는다.)
- 지금은 청포녹말 대신에 동부녹말을 사용한다.

春

Story Telling

개성 상추쌈은 상추와 고추 등 쌈채소에 강된장과 약고추장, 보리새우볶음을 곁들여 먹는 음식이다. 예부터 우리 선조들은 밥이나 불고기 및 생선회를 상추나 호박잎 같은 채소에 쌈을 싸서 먹는 것을 즐겼는데, 쌈을 싸 먹으면 복(福)을 함께 싸서 먹는 것이라 여겼기 때문이다. 상추는 천금을 주고 얻은 채소라 하여 천금채(千金菜)라고도 하였는데 궁중에서 임금님도 상추쌈을 즐겨 드셨다고 한다. 임금님도 양반도 서민들도 모두 좋아한 상추쌈을 우리집에서도 매우 즐겨했다. 한여름이면 마당에 평상을 펴놓고 온 식구가 상추에 보리 섞은 밥을 얹고 강된장과 새우볶음을 얹어 싸먹던 상추쌈은 지금도 잊을 수 없다.

10

개성상추쌈차림

재료 및 분량

상추 100g, 실파 20g, 쑥갓 20g, 청고추 4개, 홍고추 2개
오이 50g
마른 보리새우 30g, 식용유 2작은술,
양념장 : 간장 1작은술, 설탕 ½작은술,
물엿 1작은술, 참기름 ½작은술
표고버섯 1장, 쇠고기 20g

쇠고기 표고 양념 : 다진파 · 다진마늘 각 ½작은술,
후춧가루 · 설탕 각 ⅛작은술, 참기름 ½작은술,
된장 1큰술, 고추장 ½큰술, 물 1큰술
약고추장 : 다진 쇠고기 20g, 고추장 2큰술, 설탕 1작은술
다진 파 1작은술, 다진 마늘 ½작은술, 깨소금 1작은술
물 3큰술, 참기름 ½큰술

재료 준비

1. 상추와 실파, 쑥갓, 청 · 홍고추는 다듬어서 깨끗이 씻고, 오이는 소금으로 비벼 씻어 길이로 4등분 한다.
2. 마른 보리새우는 체에 쳐서 새우 가루를 거른다.
3. 쌈장용 표고버섯은 물에 1시간 정도 불린 후에 기둥을 떼고 물기를 닦아, 두께 0.1㎝ 정도로 채 썬다. 쇠고기는 핏물을 닦고 곱게 채 썬 다음, 양념을 넣고 양념한다.
4. 약고추장용 다진 쇠고기는 핏물을 닦는다.

만드는 방법

1. 팬을 달구어 식용유를 두르고, 준비한 보리새우를 넣고 중불에서 1분 정도 볶다가 양념장을 넣고 1분 정도 더 볶는다.
2. 표고버섯과 쇠고기는 곱게 채썰고 표고버섯 쇠고기 양념장으로 양념한 다음, 팬을 달구어 볶다가 된장과 고추장, 참기름, 물을 넣고 걸죽하게 볶는다.
3. 약고추장용 다진 쇠고기에 다진 파, 마늘, 깨소금, 고추장, 설탕을 넣고 섞어서 팬을 달구어 중불에서 2분 정도 볶다가 물과 참기름을 넣고 2분 정도 더 볶아 약고추장을 만든다.
4. 접시에 상추와 쑥갓, 청 · 홍고추, 오이를 담고 보리새우와 쌈장, 약고추장을 곁드린다.

Tip

- 마른 보리새우는 양념장을 넣고 재빨리 볶아야 새우에 간이 고루 배인다.
- 상추쌈을 먹을 때 상추의 뒷면에 밥을 얹어 싸먹으면 앞면이 부드러워 넘기기 쉽다.

春

Story Telling

양미리 조림은 무를 썰어 밑에 깔고 양미리를 올리고 양념장을 끼얹어 조린 음식이다. 양미리는 앵미리라고도 하는데 지금도 그렇지만 옛날에도 겨울이면 흔히 잡히는 생선으로 빈부(貧富)를 막론하고 즐겨먹던 음식이다. 양미리는 조림뿐만 아니라 회, 찜, 찌개로도 즐겨 먹는데 소금을 살짝 뿌려 구워먹으면 입안에서 톡톡 터지는 알 씹는 맛이 별미이다. 어머니께서 양미리를 넉넉하게 사 오신 날에는 조림도 하셨지만 가마솥에 밥을 하고 뜸 들일 때 장작불을 조금 꺼내어서 그 위에 석쇠를 올려놓고, 양미리를 구워 주셨는데 양미리의 탄 부분을 어머니께서 손으로 비벼 주시면 양미리 한 마리를 통째로 들고 먹었던 기억이 난다.

11

양미리조림

재료 및 분량

양미리 6마리, 무 100g, 청고추 1개, 홍고추 1개
파 20g
양념장 : 간장 1큰술, 고추장 1작은술, 고춧가루 1작은술
설탕 ½작은술, 다진파 1작은술, 다진마늘 ½작은술
다진 생강 ½작은술, 후춧가루 0.1g, 청주1큰술
물 1컵

재료 준비

1. 양미리는 머리와 꼬리를 자른 다음 깨끗이 씻고, 크기에 따라 길이로 2~3등분한다.
2. 무는 다듬어서 깨끗이 씻고 가로 3㎝ 세로 4㎝ 두께 0.5㎝ 정도로 썬다.
3. 청 · 홍고추와 파는 다듬어서 깨끗이 씻고, 길이 2㎝ 두께 0.5㎝ 정도로 어슷 썬다.
4. 양념장을 만든다.

만드는 방법

1. 냄비에 무를 깔고 양념장의 ½량을 끼얹고 양미리를 올린 다음, 나머지 양념장 ½량을 고루 끼얹고 둘레에 물을 부어 센불에 올려 끓으면 중불로 낮추어 10분 정도 더 조린다.
2. 국물이 자작해지면 약불로 낮추어 국물을 끼얹어 가며 5분 정도 조리다가 청 · 홍고추와 파를 넣고 2분 정도 더 조린다.

Tip

- 무 대신에 감자를 넣기도 한다.
- 꽈리고추를 함께 넣고 조리기도 한다.
- 양미리가 많을 때는 무를 큼지막하게 썰어 넣어도 된다.

春

Story Telling

청어 구이는 청어를 손질하여 소금을 뿌리고 석쇠에 직화로 구운 음식이다. 청어는 삼면의 바다에서 흔히 잡히는 생선으로 조선시대에는 가난한 유생을 살찌우는 생선이라 해서 비유어(肥儒魚) 혹은 비웃이라 하였다. 옛말에 '눈 본 대구요, 비 본 청어'라는 속담이 있듯이 대구는 눈이 내리는 겨울에 많이 잡히고, 청어는 봄비가 내릴 때 많이 잡힌다는 뜻이다. 정약전의 『자산어보』에 '정월이 되면 청어가 바다를 덮을 정도였고, 석 달 동안 산란을 마치면 곧 물러난다'라고 기록된 것으로 보아서 청어가 흔했던 생선임을 알 수 있었다. 또한, '맛 좋기는 청어요, 많이 먹기는 명태'라는 속담처럼 청어는 맛이 좋기에 누구나 즐겨 먹었던 생선이다.

12

청어(비웃)구이

재료 및 분량

청어 2마리, 소금 1작은술
식용유 1큰술
레몬 ½개

재료 준비

1. 청어는 비늘을 긁고 머리와 꼬리를 깨끗이 손질한 후 지느러미를 자르고 내장을 꺼내어 깨끗이 씻는다.
2. 청어는 앞, 뒷면에 폭 1㎝ 간격으로 칼집을 넣는다.
3. 청어는 소금을 뿌리고 채반에 올려 서늘한 곳에서 3시간 정도 말린다.

만드는 방법

1. 석쇠를 달구어 식용유를 바르고 청어를 얹고, 석쇠를 높이 15㎝ 정도로 올려 센불에서 앞, 뒷면을 노릇하게 굽는다.
2. 접시에 담고 레몬을 올린다.

Tip

- 청어는 가시가 많으므로 잔칼집을 넣어야 먹기가 좋다.
- 청어를 소금을 뿌려 굽기도 하지만 양념장을 덧발라 굽기도 한다.

Story Telling

조갯살전은 조갯살을 다져서 밀가루와 달걀을 넣고 지진음식이다. 조갯살로 전을 부치는 날은 어머니께서 내장을 빼지 않고 전을 부치면 전에서 비린내가 난다고 우리들에게 꼭 내장을 손으로 꼭꼭 눌러 빼게 하셨다. 조갯살을 바가지로 하나씩은 부쳐야 온 식구의 한끼 반찬으로 넉넉했으므로 언니와 오빠 모두 둘러 앉아 조갯살 내장을 손가락으로 눌러 빼냈는데 누르면 내장이 터지면서 잘도 빠진다. 내장을 뺀 조갯살전은 색도 깨끗하고 비린내가 나지 않아 맛이 있었다. 누가 먼저 많이 먹나 시샘하며 많이도 먹었다.

13

조갯살전

재료 및 분량

조갯살 300g, 물 5컵, 소금 ¼작은술
양념 : 다진파 ½큰술, 다진마늘 ¼큰술
후춧가루 ⅛작은술
청고추 1개, 홍고추 ½개, 밀가루 4큰술,
달걀 1개, 식용유 3큰술
초간장 : 간장 1큰술, 식초 1큰술, 물 1큰술

재료 준비

1. 조갯살은 손으로 눌러 내장을 빼어내고 소금물에 살살 흔들어 씻은 다음, 체에 밭쳐 물기를 빼고 0.5cm 정도로 굵게 다져 양념한다.
2. 청 · 홍고추는 씻어 길이로 반을 잘라 씨와 속을 떼어내고, 0.2m 정도로 다진다.
3. 조갯살에 밀가루를 넣고 골고루 섞은 다음, 청 · 홍고추와 달걀을 넣고 잘 섞는다.

만드는 방법

1. 팬을 달구어 식용유를 두르고 조갯살 반죽을 직경 4~5cm 정도의 두께로 둥글게 놓고 중불에서 앞뒷면을 노릇하게 지진다.
2. 초간장과 함께 낸다.

Tip

- 조갯살 내장은 칼로 떼어내는 것보다 손으로 눌러 빼내는 것이 쉽다.
- 식용유를 넉넉히 두르고 지져야 색이 고르다.

Story Telling

제육전유어는 삶은 돼지고기를 얇게 포 떠서 밀가루반죽을 입혀서 기름에 지진 전이다. 일단 삶아내서 좋지 않는 기름기와 냄새를 뺀 다음, 다시 전으로 지져내니 기름지지 않아 좋다. 제육 전유어는 제사를 지내고 나서 잘게 썰어 제삿밥에 함께 넣고 비비거나 두었다가 출출할 때 먹으면 녹두 빈대떡만큼이나 맛이 좋아 개성에서 즐겨 먹었던 음식이다. 일반적으로 제사상에는 돼지고기를 올리지 않지만 개성은 중요한 잔치나 귀한 자리에는 빠지지 않고 돼지고기로 만든 음식을 올렸다. 삼계탕에도 돼지고기가 들어갈 정도로 돼지고기를 즐겨 먹기로 유명하다. 오늘날 삼겹살, 목살, 항정살 등 돼지고기의 부위를 다양하게 이용하게 된 것도 다 개성지방에서 비롯된 것이라고 한다.

14

제육전유어

재료 및 분량

돼지고기(목살) 200g, 물 4컵, 된장1큰술

향채 : 파 20g, 마늘 20g, 생강 10g

고기양념 : 후춧가루 0.1g, 소금 ¼작은술, 참기름 ½작은술

반죽 : 밀가루 8큰술, 물 6큰술, 소금 ¼작은술, 달걀 1개

식용유 2큰술

청고추 1개, 홍고추 ½개

초간장 : 간장 1큰술, 식초 1큰술, 물 1큰술

재료 준비

1. 돼지고기는 물기를 닦고 길이 15cm 폭 · 두께 6cm 정도로 자르고, 향채는 다듬어서 깨끗이 씻는다.
2. 청 · 홍고추는 씻어서 폭 0.2㎝ 정도로 둥글게 썬다.
3. 물에 달걀과 소금을 넣고 잘 풀어서 밀가루를 넣고 고루 섞어 반죽을 만든다.
4. 초간장을 만든다.

만드는 방법

1. 냄비에 물을 붓고 센불에 올려 끓으면 돼지고기와 된장을 넣고 10분 정도 끓인 다음, 향채를 넣고 중불로 낮추어 20분 정도 더 삶는다.
2. 돼지고기는 건져서 식혀서 두께 0.3cm 정도로 썰어서 고기양념으로 양념한다.
3. 밀가루반죽에 삶아서 양념한 돼지고기를 넣는다.
4. 팬을 달구어 식용유를 두르고 중불로 낮추어 밀가루반죽을 씌운 돼지고기를 놓고 청 · 홍고추 고명을 올려 1분 정도 지지고 뒤집어서 30초 정도 더 지진다.
5. 초간장과 함께 낸다.

Tip

- 된장을 넣고 삶아 돼지 누린내가 없다.
- 돼지고기 삼겹살을 사용하기도 한다.
- 명절에 먹다 남은 편육을 전으로 지져 먹으면 별미이다.

Story Telling

두부쇠고기지짐은 쇠고기를 양념한 다음, 팬에 지지면서 두부를 같이 지져서 두부 위에 쇠고기를 올린 음식이다. 보통 때 두부만 지져먹어도 맛이 있으나 두부쇠고기지짐은 주로 명절이나 잔칫날 손님을 대접하는 음식으로 소고기의 맛난 맛이 두부에 배어들어 맛이 좋을 뿐만 아니라 두부의 부드러움과 쇠고기의 씹는 맛이 잘 어우러진 음식이다. 어머니는 콩을 불린 후에 두부를 만드시는 날이면 팬에 쇠고기와 두부를 지지시고 팬에 남아 있는 맛있는 양념국물에 밥을 넣고 비벼 주시곤 하셨다.

15

두부쇠고기지짐

재료 및 분량

쇠고기(등심) 120g

쇠고기 양념장 : 간장 ½작은술, 소금 ⅛작은술
설탕 1작은술, 다진파 ½작은술, 다진마늘 ¼작은술
깨소금 ½작은술, 후춧가루 ⅛작은술, 참기름 ½작은술

두부(부침용) ½모, 소금 1.5g

식용유 ½큰술

잣가루 ½작은술

재료 준비

1. 쇠고기는 면보로 핏물을 닦고, 가로 · 세로 4cm 두께 0.1cm 정도로 썰어서 양념장을 넣고 양념한다.
2. 두부는 가로 · 세로 4cm 두께 1cm 정도로 썬 다음, 앞 · 뒤로 소금을 뿌려서 30분 정도 두었다가, 물기를 닦는다.

만드는 방법

1. 팬을 달구어 식용유를 두르고 두부를 넣고 앞뒤로 2분 정도 지지다가 양념한 쇠고기를 넣고, 중불에서 앞 · 뒤로 뒤집어 가며 쇠고기 맛이 배이도록 더 지진다.
2. 지진 두부 위에 쇠고기를 올리고 잣가루를 뿌린다.

Tip

- 두부를 먼저 지져야지 쇠고기를 먼저 넣고 지지면 육수가 생겨, 맛은 좋게 하나 고기가 너무 익어서 질기다.
- 뜨거울때 먹어야 맛이 있다.

Story Telling

꽃게무젓은 살아 있는 꽃게의 살을 발라서 양념장에 버무린 젓갈이다. 꽃게젓은 담가서 오래 두면 꽃게살이 물러서 녹으므로 담가서 바로 먹거나 하루 정도 지나서 먹는 젓갈이다. 많은 양을 만들 때는 간장에 향채를 넣고 달여서 맛간장을 만든 다음, 양념장을 만들어 꽃게젓을 만들면 맛과 향이 더하다.

달고 맛있는 살아 있는 꽃게의 살을 발라서 양념장에 버무린 꽃게무젓은 뜨거운 밥에 넣고 비벼먹어도 좋고 그냥 반찬으로 먹어도 맛이 있어 별비 중의 별미이다.

16

꽃게무젓

재료 및 분량

꽃게(살아 있는것) 2마리, 소금 ½작은술

양념장 : 간장 2큰술, 청장 2큰술, 설탕 1큰술, 물 4큰술

향채 : 파 10g, 마늘 10g, 생강 10g

꽃게양념 : 고운고춧가루 2큰술, 다진마늘 ½큰술

다진생강 1작은술, 통깨 1큰술

청고추 2개, 홍고추 1개

재료 준비

1. 꽃게는 솔로 깨끗이 씻어서 게 등딱지와 몸통을 분리하여 아가미와 모래주머니는 떼어 내고 게 등딱지와 몸통의 살과 내장은 발라낸 다음, 소금을 넣고 고루 섞는다.
2. 청 · 홍고추는 씻어서 길이로 반을 잘라서 씨와 속을 떼어 내고 길이 2 폭 · 두께 0.2㎝ 정도로 채 썬다

만드는 방법

1. 냄비에 양념장과 향채를 넣고 센불에 올려 끓으면 약불로 낮추어 2분 정도 더 끓이고 체에 걸러 식힌다.
2. 끓여 식힌 양념장에 꽃게양념을 넣고 고루 섞는다.
3. 발라 놓은 게살과 내장에 양념장과 청 · 홍고추를 넣고 고루 섞는다.

Tip

- 1~2일 정도 냉장고에 넣고 숙성시켜 먹으면 좋다.
- 꽃게 무젓에는 기호에 따라 생강의 양을 가감할 수 있다.
- 맵게 먹을때는 청고추 대신 청량고추를 넣어도 된다.

Story Telling

개성지방은 과거 정치 · 문화 · 경제적으로 번성했던 고려의 도읍지로서 개성식의 전통성을 고수하려는 주체성이 강해서 독특한 혼례음식 문화가 남아 있다. 그 중 시부모님께 드리는 폐백음식이 가장 독특한데, 개성 폐백의 경우에는 남녀를 상징하여 시아버님과 시어머님께 각각 홍 · 청색의 폐백보자기로 쌌는데, 제대로 하는 집안에서는 쌀이 3가마니 들어가는 정도의 큰 함지에 담아서 손수레 한 대에 한 개밖에 못 실을 정도로 크고 무거웠다고 한다. 그 폐백을 받은 시댁에서는 동네 사람들에게 고루 나누어 주고도 많이 남아 두고 먹었다고 한다.

17

개성폐백음식

개성폐백(시어머님)

재료 및 분량

멥쌀가루 3kg, 소금 3큰술

색 : 치자, 쑥, 오미자, 계피가루 적당량

약과 150개, 주악 150개, 북어전 2kg, 오징어(또는 문어) 5마리

생선전 2kg, 쇠고기산적 3kg, 홍해삼 3kg, 화양적 3kg

두부전 3kg, 해삼전 3kg, 제육전 3kg

설야멱(雪夜覓) 3kg

양념찜닭 : 닭 1마리, 달걀 30개

준비물 : 꼬치, 청실

재료 준비

1. 쌀가루에 물을 넣고 찜통에 쪄서 5색으로 물을 들여 꽃과 새를 만든다. 30cm 정도 길이의 대나무 꼬치에 꽃과 새를 꽂아 말린다.
2. 약과와 주악을 튀겨 집청에 담그었다가 건진다.
3. 북어전, 홍해삼, 해삼전, 생선전, 화양적, 제육전, 쇠고기산적, 두부전, 설야멱을 각각 2~3kg 정도씩 준비한다.
4. 달걀을 30개 정도 삶는다.

만드는 방법

1. 함지박 안에 북어전을 담고 약과와 주악을 둘레에 쌓아 올리면서 안쪽으로 홍해삼, 해삼전, 생선전, 화양적, 제육전, 쇠고기산적, 두부전, 설야멱을 각각 5~6cm 정도의 높이로 차곡차곡 쌓아 올리고 약과와 주악도 둘레에 계속 쌓는다.
2. 맨 위에 양념하여 쪄낸 닭을 올리고 둘레에 삶은 달걀과 밤과 대추를 안쪽으로 얹는다. 마지막 약과와 주악 둘레에 떡꽃나무 가지를 꽂고 오징어 오림이나 문어오림을 돌린다.

개성폐백(시아버님)

재료 및 분량

멥쌀가루 3kg, 소금 3큰술

색 : 치자, 쑥, 오미자, 계핏가루 적당량,
오징어(또는 문어) 5마리, 사과 35개, 배 35개, 밤 5kg,
대추 3kg, 곶감 1접, 북어포 20마리, 육포 2kg

양념찜닭 : 닭 1마리

준비물 : 꼬치, 홍실

재료 준비

1. 쌀가루에 물을 넣고 찜통에 쪄서 5색으로 물을 들여 꽃과 새를 만든다. 30cm 정도 길이의 대나무 꼬치에 꽃과 새를 꽂아 말린다.
2. 사과와 배는 깨끗이 씻어 물기를 닦아 놓는다. 밤과 대추는 젖은 면보로 닦아 놓고, 북어포와 육포, 곶감을 준비한다.

만드는 방법

1. 함지박 안에 밤을 담고 둘레에 사과와 배를 쌓아 올리면서 안쪽으로 북어포, 육포, 곶감, 대추를 각각 12~13cm 정도 쌓아 올린다.
2. 다 쌓아 올린 다음 쪄놓은 닭을 올리고 둘레에 밤, 대추를 넣고 떡꽃나무 가지를 둘레에 꽂고, 마지막에 오징어나 문어를 오려 돌린다.

Tip • 떡꽃을 만들 때 색은 조금 진하게 들여야 화려하고 예쁘며, 쌓아 올릴 때 한쪽이 기울지 않게 쌓는다.

Story Telling

홍해삼은 쇠고기와 두부를 곱게 다져서 양념하고, 홍합과 해삼을 각각 가운데 넣은 후에 둥글고 길게 싸서 찐 다음, 달걀을 입혀 기름에 지진 음식이다.

개성에서는 홍해삼을 제사상에 올릴 때는 통째로 꼬지에 꿰어 고임을 하였다가 먹을 때는 얇게 썰어 먹었으며 폐백상에나 이바지로 보낼 때는 통째로 목기에 담아 보냈다. 홍해삼은 계란 흰자 속에 까만 해삼이 보이는 것은 남자를 상징하고, 계란 노른자에 싸인 붉은 홍합은 여자를 상징한다고 한다.

어머니는 큰일이 있으면 늘 밤을 지새우면서 홍해삼을 하셨는데, 주먹만하게 타원형으로 빚어 아래쪽에 홍합과 해삼이 살짝 보이게 넣고 밀가루를 씌워서 찜통에 찐 후에 가마솥 뚜껑을 화덕 위에 뒤집어 놓고 돼지비계를 문질러가며 손이 빨개지도록 지져 내셨다.

18

홍해삼

재료 및 분량

불린 해삼 40g, 홍합 50g, 다진 쇠고기(우둔) 70g
양념장 : 간장 ½큰술, 설탕 1작은술, 다진 파 2작은술
다진 마늘 1작은술, 깨소금 2작은술, 후춧가루 ⅛작은술
참기름 1작은술
두부 200g, 소금 ½작은술, 참기름 1작은술, 밀가루 2큰술
달걀 2개, 식용유 2큰술, 찌는 물 10컵

초간장 : 간장 1큰술, 식초 1큰술, 물 1큰술
잣가루 1작은술

재료 준비

1. 불린 해삼은 다듬어서 깨끗이 씻는다.
2. 홍합은 수염을 떼어 내고 소금물에 살살 씻어 체에 밭쳐 물기를 뺀다.
3. 다진 쇠고기는 핏물을 닦고 양념장을 넣고 양념한다. 두부는 면보로 물기를 짜서 곱게 으깬 다음, 소금과 참기름을 넣고 양념한다. 쇠고기와 두부를 한 데(같이) 넣고 고루 치대어 2등분한다.
4. 달걀은 황백으로 나누어 풀어 놓는다.

만드는 방법

1. 냄비에 물을 붓고 센불에 올려 끓으면 불린 해삼과 홍합을 넣고 각각 1분 정도 데쳐서 물기를 닦고 소금과 후춧가루, 참기름을 넣고 밀가루를 살짝 뿌린다.
2. 쇠고기와 두부 섞은 것을 직경 5cm 정도의 타원형으로 빚어 한쪽면에 2cm 깊이 정도의 골을 파서 밀가루를 뿌리고 홍합과 해삼을 각각 나란히 놓고 꼭꼭눌러 다시 밀가루를 묻힌다.
3. 찜기에 물을 붓고 센불에 올려 김이 오르면 면보를 깔고 홍해삼을 넣고 20분 정도 쪄서 식힌다.
4. 해삼이 들어 있는 것은 밀가루를 입히고, 흰자를 씌운다. 홍합이 들어 있는 것은 밀가루를 입히고, 노른자를 씌운다.
5. 팬을 달구어 식용유를 두르고 홍해삼을 넣은 후에 중불에서 각각 지져 겉이 익으면 다시 달걀물을 입힌 후에 중불에서 굴려 가며 지진다. 3번 정도 반복한다.
6. 지진 홍해삼은 두께 1cm 정도로 썰어서 그릇에 담고, 초간장과 함께 낸다.

Tip

- 두부와 쇠고기 반죽은 오래 치대야 갈라지지 않는다.
- 홍해삼은 황백으로 달걀옷을 입히고 팬에 지질 때 중불에서 지져야 깨끗하게 지져진다.

Story Telling

멥쌀가루에 연한 쑥을 넣고 만든 향취 있는 떡이다. 쑥은 애엽(艾葉), 빙대, 의초, 애고, 황초 등으로 불리 운다. 쑥은 우리나라 산과 들에서 쉽게 볼 수 있는데, 쑥과 마늘을 먹고 곰이 사람이 되었다는 단군신화에서 알 수 있듯이 우리나라는 오랜 전부터 식용과 약용으로 널리 먹어왔다. 봄이 되면 작은 소쿠리와 창칼을 들고 동네 친구들과 함께 텃밭과 들로 쑥을 캐러 다녔다. 친구보다 더 많이 뜯으려고 한눈도 팔지 않고 부지런히 뜯어다가 어머니께 갖다 드리면 쑥떡을 만들어 주셨는데 쌀이 없을 때는 밀가루를 넣고 버물버물해서 쪄주셨다. 지금도 봄이 되면 어머니가 해주신 쑥향기 가득한 쑥버무리를 해먹으며 어머니 생각에 눈시울을 붉힌다.

19

쑥버무리

재료 및 분량

멥쌀가루 5컵
소금 ½큰술, 설탕 4큰술
물 3큰술
어린 생쑥 100g

재료 준비

1. 멥쌀은 깨끗이 씻어 일어서 8~12시간 정도 물에 담갔다가 건진 후에 물기를 빼고 가루로 빻는다.
2. 어린 쑥은 깨끗이 다듬어 씻어 물기를 빼놓는다.
3. 멥쌀가루에 설탕과 물을 넣고 잘 비벼서 체에 내린다.

만드는 방법

1. 멥쌀가루에 손질한 쑥을 넣고 고루 섞은 후 딤섬에 넣고 수평으로 평평하게 담는다.
2. 찜기에 물을 붓고 센불에 올려 끓으면, 쌀가루를 담은 딤섬을 넣는다.
3. 다시 김이 오르면 15~20분 정도 찐다.

Tip

- 쑥이 너무 억세고 질기면 데쳐서 사용한다.
- 멥쌀가루에 연한 쑥을 넣고 찐 향취 있는 떡이다.

春

Story Telling

배피떡은 찹쌀을 찐 다음, 안반에 놓고 쳐서 찹쌀떡을 만들고, 녹두고물로 만든 소를 안에 넣고 주먹만하게 빚어 콩고물을 묻힌 떡이다. 배피떡은 쑥이 많이 나는 늦은 봄에 만들어 먹기도 하지만 추운 겨울철에 떡을 넉넉히 만들어서 항아리에 넣어 두고 출출할 때 꺼내어 간식으로 먹었던 떡이다. 떡이 굳으면 석쇠에 구워서 꿀이나 조청에 찍어 먹거나 방에서 놋으로 만든 화로에 불을 피운 후에 구워 먹기도 하였다. 하나만 먹어도 배가 부른 풍요로운 떡으로 큰 잔칫날에는 꼭 상에 올랐다. 할머니께서는 떡을 만들어서 큰 그릇에 차곡차곡 담았던 것을 밑에 있는 떡이 눌려 납작해진다고 3번 정도 그릇을 바꾸어 가며 옮겨 담아 떡의 모양을 좋게 하셨다.

20

배피떡

재료 및 분량

찹쌀 $5\frac{1}{2}$컵 , 소금 1큰술, 물 $\frac{3}{4}$컵

소 : 녹두 2컵, 소금 1큰술, 설탕 1컵

고물 : 콩가루 600g

재료 준비

1. 찹쌀은 깨끗이 씻어 물에 5시간 정도 불린 후 체에 밭쳐서 10분 정도 물기를 뺀다.
2. 녹두는 물에 8시간 정도 불린 후에 비벼 씻어 일어서 껍질을 벗기고 체에 밭쳐 물기를 뺀다.

만드는 방법

1. 찜기에 물을 붓고 센불에 올려 김이 오르면, 젖은 면보를 깔고 찹쌀을 넣어 1시간 정도 찌면서 도중에 소금물을 뿌리고 찐다.
2. 찜기의 물이 끓으면 젖은 면볼르 깔고 녹두를 40분 정도 찐 다음 뜨거운 김이 나가면 소금을 넣고 방망이로 찧어 어레미에 내린 다음, 분량의 설탕을 넣고 고루 섞어 직경 2cm 정도의 크기로 둥글게 소를 만든다.
3. 찐 떡은 뜨거울 때 방망이로 3분 정도 쳐서 달걀만큼 떼어 녹두소를 넣고 오므려 달걀 모양으로 만든 다음 콩가루를 듬뿍 묻힌다.

Tip

- 떡에 고물을 묻힐 때는 큰 쟁반에 콩가루를 넉넉히 놓고 만든 떡을 굴려서 묻힌다.
- 찹쌀을 쪄서 만든 친떡이므로 간간이 찹쌀밥이 씹혀 질감이 좋다.

Story Telling

개성주악은 찹쌀가루와 멥쌀가루에 막걸리를 넣고 반죽하여 기름에 튀기듯이 지져낸 떡이다. 우메기는 개성지방의 향토음식으로 '개성주악'이라고도 하는데, "우메기 빠진 잔치는 없다"라고 할 정도로 잔칫상에 빠지지 않고 올리는 음식이다. 개성에서는 이 우메기를 약과(모약과)와 함께 귀한 손님을 접대할 때나 혼례 때 사돈댁에 보내는 이바지 음식으로 많이 쓰였는데, 고물이 없는 떡 맨 위에 올려 장식하는 웃기떡으로도 사용하였다. 예전에 사용하던 튀김 기름은 지금과 같은 식용유가 아니라 미강유 또는 쇼트닝이였고, 가마솥 뚜껑을 뒤집어 놓고 연탄불 위에 올려서 지지듯이 튀겨 냈다.

21

개성주악

재료 및 분량

찹쌀가루 170g, 멥쌀가루 60g, 소금 ½작은술

막걸리 80g

설탕 2작은술

시럽 : 설탕½컵, 물 ½컵, 꿀 1큰술, 대추 2개

식용유 4컵

재료 준비

1. 찹쌀가루와 멥쌀가루에 소금을 넣고 체에 내려 막걸리와 설탕을 넣고 반죽한다.
2. 대추는 젖은 면보로 닦아 살만 돌려 깎은 다음, 돌돌 말아서 0.1cm 두께로 썰어 꽃모양을 만든다.

만드는 방법

1. 냄비에 설탕과 물을 붓고 약불에서 15분 정도 끓이다가 꿀을 넣고 2분 정도 더 끓여서 시럽을 만들어 식힌다.
2. 반죽을 40g 정도로 떼어 직경 5cm 두께 1cm 정도로 동글납작하게 만들어 가운데에 대추꽃을 얹는다.
3. 팬에 식용유를 붓고 센불에 올려 기름 온도가 90℃ 정도가 되면 주악 반죽을 넣고 9분 정도 튀긴다.
4. 반죽이 기름 위로 떠오르면 센불로 올려 130℃ 정도가 되면 앞 · 뒤로 뒤집어 가며 6분 정도 더 튀긴 다음, 체에 건져서 기름을 뺀 후에 10분 정도 시럽에 집청하여 건진다.

Tip

- 우메기를 튀길 때 한꺼번에 많이 넣고 튀기면 서로 달라붙으므로 조금씩 넣고 튀기는 것이 좋다.
- 멥쌀을 섞지 않고 찹쌀로만 튀기기도 한다.
- 주악은 낮은 온도에서 너무 오래 튀기면 딱딱해 지므로 온도에 주의한다.

春

Story Telling

개성물경단은 조청경단이라고도 하는데 찹쌀가루를 익반죽하여 동그랗게 빚은 후, 끓은 물에 삶은 다음, 물에 헹구어 물기를 빼고 조청에 담그었다가 팥고물(경아가루)을 묻힌 떡이다. 이 경아가루는 팥앙금을 만들어 햇볕에 말렸다 쪘다하기를 일곱 번 반복해서 만든 귀한 팥앙금 가루이다. 삶은 경단에 조청을 묻혔기 때문에 먹을 때 목이 메이지 않고 촉촉하고 숟가락으로 떠먹으니 간편해서 좋다. 어머니께서는 경단을 만들어서 우리들이 학교에 갔다 오면 바로 먹을 수 있도록 놋으로 된 합에 담아서 아랫목에 이불을 덮어서 두었다가 따뜻하게 주셨다.

22

개성물경단

재료 및 분량

붉은팥 200g 데치는 물 2컵, 삶는 물 4컵

팥고물 양념 : 간장 ½작은술, 계핏가루 ¼작은술, 참기름 1작은술

경단 : 찹쌀가루 3컵, 소금 ½작은술, 끓는 물 3큰술

시럽 : 물 3큰술, 조청 ½컵, 꿀 2큰술

잣 ½큰술

재료 준비

1. 붉은팥은 깨끗이 씻어 일어서 체에 밭쳐 물기를 뺀다.
2. 찹쌀가루에 소금을 넣고 체에 내린다.
3. 잣은 고깔을 떼고 면보로 닦는다.

만드는 방법

1. 냄비에 붉은팥과 데치는 물을 붓고 센불에 5분 정도 끓인 후에 팥물을 따라 버리고 다시 냄비에 삶는 물을 붓고 중불에서 20분 정도 끓이다가, 약불로 낮추어 팥이 푹 무를 때까지 25분 정도 삶은 다음 뜸을 들인다.
2. 삶은 팥은 고운체에 내려서 면주머니에 넣고 꼭 짜서 말린다. 찜통에 젖은 면보를 깔고 말린 팥가루를 10분 정도 찌고 말리기를 7회 반복한 다음, 마지막에 간장과 계핏가루 참기름을 넣고 골고루 비벼서 경아가루를 만든다.
3. 냄비에 물과 조청, 꿀을 넣고 끓여 식혀서 시럽을 만든다.
4. 찹쌀가루는 끓는물로 익반죽하여 직경 2cm 정도로 동그랗게 경단을 만든 다음, 냄비에 물을 붓고 센불에 올려 끓으면 경단을 넣고 센불에 삶아서 경단이 떠오르면 30초 정도 더 두었다가 건져서 물에 헹구고 물기를 뺀다.
5. 경단을 조청에 넣었다가 건져서 경아가루에 굴린 다음, 다시 조청에 담갔다 건져서 경앗가루에 굴리면서 위에 조청 시럽을 조금씩 뿌린 다음, 그릇에 담고 잣을 얹는다.

Tip

- 개성에서는 경아가루를 만들 때 팥앙금을 찌고 말리기를 7회 정도 반복한다.
- 경단은 삶아서 얼음물에 담갔다가 꺼내어 빠라리 냉각시켜야 쫄깃하며 고물을 묻혀도 모양이 좋다.

개성폐백(시어머님)

여름 夏

Story Telling

개성어죽(魚粥)은 닭을 넣고 끓인 닭육수에 숭어와 쌀을 넣고 끓인 음식이다. 일반적으로 어죽은 물고기를 넣고 끓인 죽으로만 생각할 수 있으나 개성지방의 어죽은 닭고기를 기본으로 하고 물고기를 넣어 만든 영양가 높은 보양죽이다. 예전 어른들께서는 통통하게 살이 오른 닭을 잡아서 큰 가마솥에 넣으시고 푹 고은 다음, 찹쌀을 넣고 빛깔이 뽀얀 맛있는 어죽을 쑤어주셨다. 예로부터 개성어죽은 한여름 더위에 지친 몸을 보하는 데에 대단히 큰 효과가 있는 음식으로 여름철 별미죽이다.

23 개성어죽

재료 및 분량

멥쌀 ¾컵, 닭 ½마리, 인삼 1뿌리
향채 : 파 10g, 마늘 10g
황기물 : 황기 2뿌리, 물 9컵, 숭어 ½마리, 물 6컵
숭어 1마리
향채 : 파 10g, 마늘 10g, 생강즙 1큰술, 실파 20g, 달걀 1개
소금 1작은술

재료 준비

1. 멥쌀은 깨끗이 씻어 일어서 물에 2시간 정도 불린 다음, 체에 밭쳐 물기를 뺀다.
2. 닭은 내장과 기름을 떼어 내고 깨끗이 씻고, 인삼은 깨끗이 씻어 뇌두를 자르고 어슷썬다. 향채는 다듬어 깨끗이 씻는다.
3. 황기는 씻어서 물에 2시간 정도 불린다.
4. 숭어는 비늘을 긁어내고 내장을 빼내어 깨끗이 씻는다.
5. 실파는 다듬어 씻고 0.3cm 정도로 썬다.

만드는 방법

1. 냄비에 황기와 물을 붓고 센불에 올려 끓으면, 중불로 낮추어 30분 정도 끓여서 황기물을 만든 다음, 닭고기를 넣고 30분 정도 삶는다.
2. 닭고기는 건져서 살만 발라내어 길이 5cm 폭 · 두께 0.5cm 정도로 찢고, 국물은 식힌 후 면보에 걸러 닭육수를 만든다.
3. 냄비에 물을 붓고 센불에 올려 끓으면, 숭어를 넣고 중불로 낮추어 5분 정도 끓이다가 향채를 넣고 10분 정도 더 끓인 다음, 숭어는 건져서 살만 발라 길이 2cm 폭 · 두께 0.5cm 정도로 찢고, 국물은 식혀서 면보에 걸러 숭어 육수를 만든다.
4. 냄비에 멥쌀과 인삼, 닭육수 5컵, 숭어 육수 2컵을 넣고 센불에 올려 끓으면, 중불로 낮추어 뚜껑을 덮고 가끔 저으면서 30분 정도 끓인다.
5. 죽이 잘 어우러지면 닭살과 숭어살을 넣고 5분 정도 더 끓인 후 소금으로 간을 맞추고, 달걀을 풀어 줄알을 친 다음 2분 정도 더 끓인다. 그릇에 담고 실파를 올린다.

Tip

- 황기는 물에 불려서 끓여야 효능도 좋고 국물이 진하게 우러난다.
- 뜨거운 죽은 공기에 덜어 식히면서 먹는다.

Story Telling

인삼닭죽은 물에 닭과 향채를 넣고 끓여 육수를 만든 다음, 불린 찹쌀과 인삼을 넣고 끓인 음식이다. 인삼닭죽은 특히 여름철 보양음식으로 좋으며 인삼이나 마늘만 넣고 끓이기도 하고 찹쌀을 넣고 끓이기도 한다. 인삼은『동의보감(東醫寶鑑)』에 "5장(五臟)의 기가 부족한 것을 보한다. 또한 기운이 약한 것, 기력이 아주 미약한 것, 기가 허한 것들을 치료한다. 달이거나 가루를 내거나 고약처럼 만들어 많이 먹으면 좋다."라고 기록되어 원기를 크게 보양하고 진액을 생겨나게 하며 정신을 안정시키는 효능이 있는 것으로 알려져 있다. 특히, 개성지방은 잡곡이 맛이 있어서 봄부터 병아리가 잡곡을 쪼아먹고 자라 가을에 살이 통통하게 오른 토종닭이 되므로 특히 맛이 있었다고 한다.

24

인삼닭죽

재료 및 분량

찹쌀 1컵
닭(中) ½마리, 물 11컵
향채 : 파 20g, 마늘 20g
닭육수 6컵
인삼 3뿌리, 소금 1작은술

재료 준비

1. 찹쌀은 깨끗이 씻어 일어서 물에 2시간 정도 불리고, 체에 밭쳐 물기를 뺀다.
2. 닭은 내장과 기름을 떼어 내고 깨끗이 씻는다. 향채는 다듬어서 깨끗이 씻는다.
3. 인삼은 깨끗이 씻어서 뇌두를 자르고, 길이 2cm 두께 0.5cm 정도로 어슷 썬다.

만드는 방법

1. 냄비에 닭과 물을 붓고 센불에 올려 끓으면, 중불에서 20분 정도 끓이다가 향채를 넣고 20분 정도 더 끓인다. 닭고기는 건져서 살만 발라 찢고, 국물은 식혀서 면보에 걸러 닭육수를 만든다.
2. 냄비에 찹쌀과 닭육수를 붓고 센불에 올려 끓으면, 중불로 낮추어 뚜껑을 덮고 가끔 저으면서 쌀알이 퍼질 때까지 끓이다가 인삼을 넣고 10분 정도 더 끓인다.
3. 죽이 잘 어우러지면 닭살을 넣고 끓이다가 소금으로 간을 맞추고, 2분 정도 디 끓인다.

Tip

• 황기를 물에 불린 후에 끓여서 닭죽 국물로 사용하기도 한다.

Story Telling

수삼영양밥은 개성의 인삼과 검은콩, 밤, 대추, 은행, 잣 등을 넣고 돌솥에 지은 영양밥이다. 예로부터 개성지방은 인삼이 유명한데 조선 헌종 때 개성의 보부상인 최문은 개성지방의 풍토에 맞는 인삼 재배법을 개발하게 되면서부터 인삼을 대량으로 재배하게 되었다고 한다. 개성은 무역의 도시로 개성의 상인들이 전국 각지뿐만 아니라 해외 여러 나라에 인삼을 전파하게 되어 오늘날 개성의 인삼이 '고려인삼'이라 하여 전세계적으로 유명하게 되었다. 개성에는 인삼이 흔하여 인삼을 수확할 시기가 되면 미삼을 자루에 담아서 안방 선반에 올려놓고 가끔씩 별식으로 인삼을 넣고 밥을 지어 먹기도 하였으며 잔뿌리는 맵고 얼큰하게 무쳐서 먹기도 하였다.

25

수삼영양밥

재료 및 분량

멥쌀 2컵, 찹쌀 ½컵, 검은콩 30g, 밤 4개, 대추 6개
양송이버섯 3개, 인삼(수삼)4개, 잣 1큰술
은행 12알
식용유 1작은술, 물 3컵
양념장 : 간장 3큰술, 고춧가루 ½작은술, 다진파 1큰술
다진마늘 1작은술, 깨소금 1큰술, 후춧가루⅛작은술
참기름 2작은술

재료 준비

1. 멥쌀과 찹쌀은 깨끗이 씻어 일어서 물에 30분 정도 불리고, 체에 밭쳐 물기를 뺀다.
2. 검은콩은 깨끗이 씻어 일어서 물에 3시간 정도 불리고 체에 밭쳐 물기를 뺀다.
3. 밤은 껍질을 벗기고 2~4 등분으로 썬다. 대추는 젖은 면보로 닦아서 살만 돌려 깎고 2~3 등분으로 썬다.
4. 양송이버섯은 갓의 껍질을 벗기고, 길이로 모양을 살려서 두께 0.7㎝ 정도로 썬다. 인삼은 깨끗이 씻어서 뇌두를 자르고, 길이 2㎝ 두께 0.7㎝ 정도로 어슷 썬다.
5. 팬을 달구어 식용유를 두르고 은행을 볶아서 껍질을 벗기고 잣은 고깔을 뗀다.

만드는 방법

1. 돌솥에 멥쌀과 찹쌀, 검은콩, 밤, 인삼을 넣고 물을 부어 센 불에 올려 끓으면, 3분 정도 더 끓인다.
2. 약불로 낮추어 대추, 은행, 잣을 넣고 10분 정도 더 끓이다가 불을 끄고 10분 정도 뜸을 들인다.
3. 뜸이 충분히 들면 고루 섞어서 그릇에 담고 양념장과 함께 낸다.

Tip

- 수삼의 양은 기호에 따라 가감한다.
- 깨끗한 양송이버섯은 갓의 껍질을 벗기지 않고 사용하기도 한다.
- 예전에는 송이버섯을 사용했다.

夏

Story Telling

개성 삼계탕(鷄蔘湯)은 영계가 아닌 중간정도의 닭과 돼지고기를 커다란 가마솥에 넣고 개성인삼과 마늘, 대추, 찹쌀을 넣고 푹 끓여 만든 음식이다. 옛말에 '삼복더위에 소뿔도 꼬부라든다.'라는 속담이 있을 정도로 무더운 삼복에는 삼계탕집 앞에 길게 줄을 선 사람들의 진풍경을 볼 수 있다. 예로부터 우리나라는 더위가 심하였으므로 음기도 엎드린다는 삼복(三伏)의 절식으로 삼계탕을 즐겨 먹었다. 더운 여름을 이기기 위해 열(熱)을 열(熱)로 다스리는 이열치열(以熱治熱)의 방법을 사용하였던 것이다. 어린 시절 가족들의 몸보신을 위해 더운 여름에도 불구하고 아궁이 앞에 쪼그려앉으셔서 흐르는 땀을 연신 닦으시며 가마솥에 불을 지펴 만든 어머니의 뽀얀 삼계탕이 그립다.

26

개성삼계탕

재료 및 분량

영계 2마리(1.6kg), 돼지고기(사태) 200g
찹쌀 1컵, 물 15컵
수삼 4뿌리, 통마늘 4개, 대추 4개
달걀 ½개
양념 : 소금 1큰술, 후춧가루 ¼작은술, 파 30g

재료 준비

1. 닭은 배밑으로 칼집을 넣어 내장과 기름기를 떼어내고 깨끗이 씻고, 돼지고기는 물기를 닦는다.
2. 찹쌀은 깨끗이 씻어 일어서 2시간 정도 불려서 체에 밭쳐 물기를 뺀다.
3. 수삼은 뇌두를 자르고 통마늘과 대추는 깨끗이 손질한다.
4. 달걀은 황백지단을 부쳐 2cm 정도의 마름모꼴로 썬다.
5. 양념에 들어갈 파는 손질하여 깨끗이 씻고, 폭 0.2cm 정도로 썬다.

만드는 방법

1. 손질한 닭의 뱃속에 불린 찹쌀과 수삼, 마늘, 대추를 넣고 내용물이 나오지 않도록 닭다리를 엇갈리게 끼운다.
2. 냄비에 물과 준비한 돼지고기를 넣고 센불에 올려 끓으면 중불로 낮추어 1시간 정도 끓인다.
3. 닭을 배쪽으로 길게 2등분하고 돼지고기와 함께 그릇에 담고 황백지단과 파를 얹고 국물을 붓는다.
4. 소금과 후추, 파를 함께 낸다.

Tip

- 개성삼계탕은 인삼이 많이 들어간다.
- 손질한 닭의 뱃속에 내용물을 너무 많이 넣으면 잘 익지않으므로 적당히 넣는다.

Story Telling

사골(四骨)제물칼국수는 밀가루 반죽을 얇게 밀어서 채 썬 다음, 사골육수에 넣고 끓인 음식이다. 제물칼국수는 주로 여름에 먹는 음식으로 국수를 칼로 썰어 사골국물에 삶아 헹구지 않고 만든 국수라 하여 제물칼국수라 붙여진 이름이다.

사골국물은 주로 추운 겨울에 곰탕이나 설렁탕으로 즐겨 먹지만 원래는 더운 여름에 먹는 음식이다. 땀을 많이 흘려서 약해진 기력을 보충하기 위해 푹 고은 사골국물에 칼국수를 넣고 뜨겁게 이열치열(以熱治熱)로 땀을 흘리며 먹은 음식이다. 개성에서는 사골칼국수뿐만 아니라 햇 밀로 반죽하여 만든 닭칼국수를 만들어 여름내내 즐겨 먹었다.

27

사골제물칼국수

재료 및 분량

사골 800g, 튀하는 물 7컵, 물 30컵

향채 : 파 20g, 마늘 20g

반죽 : 밀가루 2½컵, 소금 ½작은술, 물 8큰술, 밀가루(덧가루) 2큰술

애호박 ⅓개, 다진 쇠고기 200g

쇠고기양념장 : 간장 ½큰술, 설탕 ½작은술 다진파 ½작은술, 다진마늘 ¼작은술, 후춧가루 ⅛작은술 깨소금 ½작은술, 참기름 ½작은술

청장 1큰술, 소금 ½작은술

칼국수양념장 : 청장 3큰술, 고춧가루 1작은술 다진파 1큰술, 다진마늘 2작은술 깨소금 2작은술, 후춧가루 ⅛작은술

재료 준비

1. 사골은 물에 담가 1시간마다 물을 바꾸어 주면서 3번 정도 핏물을 빼고, 향채는 다듬어서 깨끗이 씻는다.
2. 반죽용 밀가루에 소금과 물을 넣고 반죽하여, 젖은 면보에 싸서 30분 정도 둔다. 밀가루반죽은 밀대로 두께 0.2cm 정도로 밀어서 덧가루를 뿌린 다음 접어서 폭 0.2cm 정도로 썬다.
3. 애호박은 씻어서 길이 5~6cm 폭 · 두께 0.7cm 정도로 채 썬다.
4. 다진 쇠고기는 핏물을 닦은 후 고기양념장을 넣고 양념한다.

만드는 방법

1. 냄비에 튀하는 물을 붓고, 센불에 올려 끓으면 사골을 넣고 5분 정도 튀한 다음, 분량의 물을 붓고 센불에 30분 정도 끓이다가, 약불로 낮추어 1시간 30분 정도 더 끓인다.
2. 끓이는 도중 거품과 기름을 걷어내고 향채를 넣어 2시간 정도 더 끓인다. 국물은 식혀서 면보에 걸러서 육수를 만든다.
3. 팬을 달구어 다진 쇠고기를 넣고, 중불에서 2분 정도 볶는다.
4. 냄비에 사골국물을 붓고 센불에 올려 끓으면, 칼국수를 넣어 5분 정도 끓인 다음, 애호박을 넣고 3분 정도 끓이다가 청장과 소금으로 간을 하고 2분 정도 더 끓인다.
5. 그릇에 칼국수를 담고 볶은 쇠고기를 올리고 칼국수 국물을 붓고 칼국수양념장과 함께 낸다.

Tip

- 국수에 남아 있는 덧가루는 훌훌 털어서 끓여야 국물이 탁하지 않다.
- 칼국수 반죽이 너무 되거나 질지 않아야 썰기도 쉽고 면발의 질감이 쫄깃하다.

Story Telling

개성편수는 만두피에 쇠고기와 닭고기, 채소 등을 넣고 빚은 음식이다. 편수(片水)는 물 위에 조각이 떠 있는 모양이라고 하여 '편수'라는 이름이 붙었는데 동국세시기나 시의전서에서는 '네모나게 만드는 것이다.'라고 기록되어 있다. 그러나 내가 어린날 어머니가 해주셨던 개성의 편수는 일반 편수와 달리, 속에 넣은 속을 돼지고기와 닭고기, 쇠고기를 고루 넣고 채소를 많이 넣어 애기 모자 모양같이 둥글게도 만들었다. 그러나 요사이에는 편수를 정사각형의 만두피에 돼지고기와 쇠고기 및 닭고기를 넣지 않고 채소와 쇠고기를 소로 넣고 찐 다음에 차게 식혀 먹거나 시원한 장국에 띄워 먹는다. 여름철 만두로는 편수와 해삼 모양으로 빚은 규아상이 으뜸이고 겨울철 별미 만두는 고기만두가 으뜸이다.

28

개성편수

재료 및 분량

육수 : 쇠고기(양지머리) 200g, 물 10컵
향채 : 파 40g, 마늘 20g, 청장 ½큰술, 소금 2작은술
만두피 반죽: 밀가루 2컵, 소금 ½작은술, 물 6큰술
숙주 애호박, 소금 ¼ 작은술,다진 돼지고기 40g,
다진 닭고기 30g, 다진 쇠고기(우둔) 80g표고버섯 3장
양념장 : 간장 1큰술, 설탕 1작은술, 다진 파 1작은술
다진 마늘 ½작은술, 후춧가루 ⅛작은술, 깨소금 1작은술
참기름 1작은술
잣 1큰술
달걀 1개, 미나리 15g, 밀가루 ½큰술
식용유 1큰술
초간장 : 간장 1큰술, 식초1큰술, 물 1큰술,
잣가루 ½큰술

재료 준비

1. 육수용 쇠고기는 핏물을 닦고, 향채는 다듬어서 깨끗이 씻는다. 냄비에 쇠고기와 물을 붓고, 센불에 올려 끓으면 중불로 낮추어 30분 정도 끓이다가 향채를 넣고, 20분 정도 더 끓인다. 쇠고기는 건지고 육수는 식혀서 면보에 걸러 청장과 소금으로 간하여 육수를 만든다.
2. 밀가루에 소금과 물을 넣고 반죽하여, 젖은 면보에 싸서 30분 정도 둔다.
3. 숙주는 꼬리를 떼어 깨끗이 씻고, 애호박은 깨끗이 씻은 후 길이 4cm 정도로 어슷썰어 채썰고, 소금에 10분 정도 절여 면보로 물기를 닦는다.
4. 다진 쇠고기와 돼지고기, 닭고기는 핏물을 닦는다. 표고버섯은 물에 1시간 정도 불린 후에 기둥을 떼어 내고 물기를 닦은 후, 폭 · 두께 0.2cm 정도로 채 썰어 양념장을 나누어 넣고 각각 양념한다. 잣은 고깔을 떼고 면보로 닦는다.
5. 달걀은 황백지단을 부치고, 미나리는 초대를 부쳐서 길이 2cm 정도의 마름모꼴로 썬다. 초간장을 만든다.

만드는 방법

1. 냄비에 물을 붓고, 센불에 올려 끓으면 숙주와 소금을 넣고, 2분 정도 데쳐 물기를 빼고, 길이 0.5cm 정도로 썬다. 팬을 달구어 식용유를 두르고, 애호박을 넣어 센불에서 10초 정도 볶아 식힌다.
2. 팬을 달구어 식용유를 두르고, 쇠고기와 돼지고기, 닭고기, 표고버섯을 넣고, 중불로 낮추어 각각 3분 정도 볶는다. 숙주와 애호박 · 쇠고기 · 표고버섯을 함께 넣고 섞어 편수 소를 만든다.
3. 밀가루 반죽은 밀대로 두께 0.2cm 정도로 밀어 펴서, 가로 · 세로 7cm 정도로 잘라 만두피를 만든다. 만두피 가운데에 편수 소를 놓고 잣을 2개씩 넣은 다음 네 귀를 한데 모아 붙여서 네모지게 편수를 만든다.
4. 찜기에 물을 붓고, 센불에 올려 김이 오르면 젖은 면보를 깔고, 편수를 넣고 5분 정도 찐다음 그릇에 담고 육수를 부어 황백지단과 미나리 초대를 올려 초간장과 함께 낸다.

Tip

- 개인 접시에 편수를 숟가락으로 잘라 초간장을 얹어 먹는다.
- 편수는 쪄서 육수 없이 초간장과 함께 내기도 한다.

Story Telling

개성 추어탕(鰍魚湯)은 푹 끓인 미꾸라지국물에 우거지와 고사리, 숙주, 미나리, 파, 청양고추, 고추, 부추를 넣은 다음에 들깻가루와 산초가루를 넣어 끓이는 음식이다. '추어(鰍魚)'는 미꾸라지의 한자이름이며, 가을에 먹으면 제 맛이 난다고 하여 '추어(秋魚)'라고도 한다. 가을에 논에 물을 뺄 때가 되면 어른들께서는 미꾸라지를 잡기 위해 그물을 준비하시고 바지를 걷어붙이고 미꾸라지를 몰아가면 그물에 미꾸라지가 잡히게 된다. 나도 물 고인 논바닥에서 미꾸라지를 잡아 고무신에 담아오면 어머니께서는 미꾸라지를 해금시켜서 우거지를 넣고 구뜨름하게 추어탕을 끓여 주셨다.

29

개성추어탕

재료 및 분량

미꾸라지 800g, 소금 3큰술, 물 14컵
향채 : 양파 1개, 파 40g, 마늘 40g, 생강 30g
양념장 : 된장 3큰술, 고추장 2큰술, 다진파 1큰술
다진마늘 ½큰술
삶은 우거지 100g, 불린 고사리 100g
숙주 150g, 파 100g, 청양고추 3개
청고추 1개, 홍고추 1개, 미나리 100g, 부추 10g
들깻가루 ½컵, 후춧가루 ¼작은술
소금 ½큰술, 산초가루 ½작은술

재료 준비

1. 살아있는 미꾸라지에 소금을 뿌려서 뚜껑을 덮고 5분 정도 해감을 시킨 다음, 깨끗이 씻어 체에 밭친다.
2. 향채는 다듬어서 깨끗이 씻고, 양념장을 만든다.
3. 삶은 우거지와 불린 고사리, 미나리, 부추는 깨끗이 다듬어 씻어서 길이 5cm 정도로 썬다음 양념장으로 양념한다. 숙주는 꼬리를 떼고, 파는 다듬어서 씻은 다음 길이로 반을 잘라 길이 5cm 정도로 썬다.
4. 청양고추와 청 · 홍고추는 씻어서 0.5cm 정도의 크기로 네모지게 썬다.

만드는 방법

1. 냄비에 미꾸라지와 물을 넣고 센불에 올려 끓으면, 중불로 낮추어 1시간 정도 삶다가 향채를 넣고 약불에서 30분 정도 더 삶는다. 삶은 미꾸라지는 체에 내려서 미꾸라지 국물을 만들고, 뼈는 버린다.
2. 냄비에 물을 붓고 센불에 올려 끓으면, 소금을 넣고 숙주와 파를 각각 1분 정도 데친다.
3. 냄비에 미꾸라지국물을 붓고 양념장에 버무린 재료를 넣고, 센불에 올려 끓으면, 중불로 낮추어 30분 정도 끓인 다음 숙주와 파를 넣고 30분 정도 더 끓인다.
4. 청양고추와 청 · 홍고추 · 미나리 · 부추 · 들깻가루 · 후춧가루 · 소금을 넣고 센불에서 2분 정도 더 끓인다.
5. 그릇에 추어탕을 담고 산초가루와 청 · 홍고추를 함께 낸다.

Tip

- 추어탕은 뜨거울 때 먹어야 비린내가 적다.
- 산초가루는 기호에 따라 가감한다.
- 개성추어탕에는 미나리를 넣는 것이 특징이다.

Story Telling

애호박젓국찌개는 푸른색의 애호박과 붉은 색의 새우가 조화를 이루는 여름철에 즐겨 먹는 음식이다. 개성지방에는 특별히 새우젓이 맛이 있어서 모든 음식에 새우젓을 많이 사용하였다. 특히 애호박젓국찌개에 곰삭은 새우젓을 넣으면 애호박향에 새우젓 맛이 들어 여름철 어떤 음식과도 비교할 수 없이 맛이 있다. 애호박은 일년 중 6월에 가장 푸르고 맛이 좋아서 애호박 젓국찌개 외에 애호박볶음, 칼국수, 된장국, 찜, 전 등 다양하게 이용한다.

30

애호박젓국찌게

재료 및 분량

애호박 1개, 마른새우 10g
다진마늘 1작은술
홍고추 ½개, 실파 20g
물 4컵, 새우젓국 2큰술

재료 준비

1. 애호박은 씻어서 길이로 4등분 하고, 두께 0.5cm 정도의 은행잎 모양으로 썬다.
2. 팬을 달구어 마른새우를 넣고 볶아 체에 쳐서 새우가루는 걸러 낸다.
3. 홍고추는 씻어서 길이 2cm 폭 0.2cm 정도로 어슷 썬다.
4. 실파는 손질하여 씻은 다음, 길이 4cm 정도로 자른다.

만드는 방법

1. 냄비에 물을 붓고 센불에 올려 끓으면, 마른새우를 넣고 중불로 낮추어 15분 정도 끓인다.
2. 국물이 우러나면 애호박과 다진 마늘을 넣고 센불에 올려 2분 정도 끓인다.
3. 홍고추와 실파를 넣고 새우젓국으로 간을 맞추어 2분 정도 더 끓인다.

Tip

- 애호박을 넣고 오래 끓이면 색이 변하므로 잠깐만 끓인다.
- 애호박젓국찌개는 새우젓 맛이 좋아야 더 맛있다.
- 애호박이 작은 경우는 반달썰기를 한다.

Story Telling

감자고추장찌개는 고추장을 풀어 넣고 감자와 양념한 쇠고기를 넣고 끓인 음식이다. 이 감자찌개는 하지(夏至)가 지난 여름에 즐겨 먹는데, 감자의 담백한 맛과 고추장의 얼큰한 맛, 쇠고기의 맛난 맛이 어우러져 특별한 반찬이 없을 때 감자찌개 한 가지면 밥 한 그릇을 뚝딱 맛있게 먹을 수 있다. 개성지방 음식인 줄만 알았는데 서울 토박이집에 시집을 와 보니 서울지방에서도 여름에 즐겨 먹었다고 하며, 시할머니께서 살아생전에 즐겨 찾으셨다. 감자는 음력 5월경의 하지 무렵에 수확하는 감자가 가장 맛이 좋으며 전분이 많아 주식대용으로 이용한다.

31

감자고추장찌개

재료 및 분량

쇠고기(양지) 180g, 물 4컵

쇠고기 양념장 : 간장 1작은술, 후춧가루 1/8작은술, 참기름 1/2작은술

감자 250g, 애호박 90g, 양파 50g

양념장 : 고추장 2큰술, 된장 1큰술, 청장 1작은술, 고춧가루 1작은술, 다진마늘 1작은술, 다진파 20g

청고추 1개, 홍고추 1/2개

소금 1/2큰술

재료 준비

1. 쇠고기는 핏물을 닦고 가로 · 세로 3cm 두께 0.5cm 정도로 썰어서 고기양념장을 넣고 양념한다.
2. 감자는 깨끗이 씻어서 껍질을 벗기고 길이로 4등분하여 두께 2cm 정도로 썬다.
3. 애호박은 씻어서 감자와 같은 크기로 썬다.
4. 양파는 다듬어 씻고 가로 · 세로 3cm 정도로 썬다.
5. 파와 청 · 홍고추는 씻어서 길이 2cm 두께 0.2cm 정도로 어슷 썬다.

만드는 방법

1. 냄비를 달구어서 쇠고기를 넣고 중불에서 2분 정도 볶다가 물과 양념장을 넣고 센불에 올려 끓으면 감자를 넣고 6분 정도 끓인다.
2. 애호박과 양파를 넣고 중불로 낮추어 6분 정도 끓이다가 파와 청 · 홍고추를 넣고 3분 정도 더 끓인다.
3. 끓는 재료에 소금으로 간을 맞추고 2분 정도도 끓인다.

Tip

- 너무 오래 끓이면 감자가 부서지므로 적당히 익힌다.
- 찌개 국물이 잘어우러지면 국물에 농도가 생겨 밥을 비벼먹어도 좋다.

Story Telling

굴비찌개는 한 여름의 찌개로 짭자름하고 칼칼하여 입맛이 없을 때 식욕을 돋우어 주는 음식이다. 음력 4월 초파일 전후에는 굴비가 알이 통통하게 들어 있어서 제일 맛있는 때이다. 옛날에는 굴비를 가마니에 넣어 팔았다고 하는데 아버지께서는 굴비를 1~2가마씩 사오신다. 할머니와 어머니께서는 마당에 쏟아 놓고 굴비를 만들 큰 조기와 장굴비 만들 중간 것, 조기젓을 담글 잔조기로 나누시고 나서 그 중에 몇 마리는 조기애탕을 끓이신다. 굴비 만들 조기에는 소금을 뿌려 어느 정도 절여졌으면 에스자(S) 모양의 철사를 준비하여 한 끝은 조기 입에 다른 한 끝은 빨래줄에 빨래 널듯이 쭉 걸어놓고 말리신다. 그 다음, 항아리에 차곡차곡 담으셨다. 잘 말린 굴비는 불에 구어 쭉쭉 찢어 먹기도 하였다.

32

굴비찌개

재료 및 분량

굴비 2마리(350g), 무 100g, 청고추 1개(15g)
홍고추 1개(10g), 파 20g
양념 : 다진파 20g, 다진마늘 10g, 고춧가루 2작은술
깨소금 2작은술, 후춧가루 ¼작은술, 참기름 13g(1큰술)
쌀뜨물 1컵

재료 준비

1. 굴비는 비늘을 긁고 머리와 지느러미와 꼬리를 떼어내고 내장을 꺼내어 깨끗이 씻어 2등분한다.
2. 무는 손질하여 깨끗이 씻고 가로 3cm 세로 2.5cm 두께 0.7cm 정도로 썬다.
3. 청 · 홍고추와 파는 깨끗이 씻어 길이 2cm 폭 0.5cm 두께로 어슷썬다.

만드는 방법

1. 냄비에 무를 깔고 만들어 놓은 양념의 ½ 량을 무 위에 얹고 그 위에 굴비를 얹은 후, 다시 양념을 굴비 위에 고루 얹은 다음, 냄비 둘레에 쌀뜨물을 붓는다.
2. 냄비를 센불에 올려 끓으면 중불로 낮추어 10분 정도 조리다가 청 · 홍고추와 파를 넣고 국물을 끼얹어 가며 5분 정도 더 졸인다.

Tip

- 예전에는 굴비가 짜서 소금이 필요 없었으나 요사이는 굴비의 간이 짜지 않아 소금을 넣기도 한다.
- 다른 찌개와는 달리 찌개국물은 많지 않고 바특하게 끓인다.

Story Telling

개성 강된장은 멸치국물에 된장과 고추장을 풀어 넣고, 쇠고기와 채소를 넣고 바틋하게 끓인 찌개이다. 강된장찌개는 보통의 된장찌개와는 달리 건더기를 많이 넣어서 되직하게 끓인 것으로 옛날에는 식구가 많아 가마솥에 밥을 뜸들일 때면 밥 위에 넣고 중탕하여 만들기도 하였다. 강된장찌개는 건지가 있고 맛이 짭짤하여 주로 쌈을 먹을 때 쌈장으로 쓰였는데 이때 볶은 새우를 얹어 싸서 먹으면 별미이다. 또한, 밥에 강된장찌개를 넣고 비벼 먹기도 하였으며 여름철 입맛이 없을 때 이 강된장 하나만 있으면 밥 한 그릇을 뚝딱 비웠다. 밥도둑인 셈이다.

33

개성강된장

재료 및 분량

쇠고기(우둔) 100g, 표고버섯 3장

양념 : 다진파 2작은술, 다진마늘 1작은술

후춧가루 1/8작은술, 설탕 1/2작은술

참기름 1작은술

된장 5큰술, 고추장 2큰술

멸치다시마국물 : 멸치 30마리, 다시마 6g, 물 3컵

청고추 1개, 홍고추 1개, 대파 10g

재료 준비

1. 쇠고기는 핏물을 닦고 길이 2㎝ 폭 · 두께 0.3㎝ 정도로 채 썰어 양념의 1/2량을 넣고 양념한다.
2. 표고버섯은 1시간 정도 불린 후에 기둥을 떼고 물기를 닦는다. 그리고 길이 2㎝ 폭 · 두께 0.3㎝ 정도로 채 썰어 나머지 양념으로 양념한다.
3. 멸치는 내장을 떼어내고 팬을 달구어 볶고 다시마는 면보로 닦는다.
4. 청 · 홍고추는 씻어 길이로 반을 갈라 씨와 속을 떼어내고 0.7cm 정도로 다진다.

만드는 방법

1. 냄비에 물과 멸치를 넣고 센불에 올려 끓으면 중불로 낮추어 10분 정도 끓이다가 다시마를 넣어 불을 끄고 5분 후에 체에 걸러 다시마 국물을 만든다.
2. 냄비에 쇠고기와 표고버섯을 넣고 중불에서 2분 정도 볶다가 된장과 고추장을 넣고 더 볶는다.
3. 준비한 재료에 멸치 다시마 국물을 붓고 중불에 올려 가끔 저어 주며 쇠고기 맛이 우러나고 되직하게 되면 청 · 홍고추와 대파를 넣고 2분 정도 더 끓인다.

Tip

- 멸치는 팬을 달구어 살짝 볶아서 사용하면 멸치 비린내가 나지 않는다.
- 멸치국물은 중불에서 10분정도 끓이는 것이 맑고 제 맛을 낸다.

Story Telling

꽈리고추찜은 연한 꽈리고추에 밀가루를 묻혀서 찐 다음, 양념장을 넣고 버무린 음식이다. 고추찜은 주로 고추가 단단하게 여물기 전에 꽈리고추로 만드는데, 일반 고추보다는 매운맛이 덜 하고 모양이 쭈글쭈글하게 생긴 고추를 말한다. 예전에 가마솥에 밥을 할 시절, 밥을 뜸들일 때는 호박잎을 깔고 밀가루에 묻힌 꽈리 고추를 얹어 살짝 익혀서 양념장에 무쳐 먹었다.

텃밭에 주렁주렁 달린 어린 풋고추를 따다가 멸치를 넣고 볶아도 좋지만 찜을 하여 먹으면 부드럽고 향이 좋아 고향생각이 절로 나게 하는 소박한 음식이다. 꽈리고추는 일반고추보다는 매운맛이 덜해서 여러가지 음식에 널리 이용된다.

34

꽈리고추찜

재료 및 분량

꽈리고추 150g, 밀가루 3큰술, 찌는물 5컵

양념장 : 고추장 1큰술, 청장 1작은술, 물엿 ½큰술
다진파 2작은술, 다진마늘 1작은술, 깨소금 1작은술
참기름 2작은술

재료 준비

1. 꽈리고추는 싱싱한 것으로 준비하여 꼭지를 떼고 깨끗이 씻는다.
2. 고추장과 청장, 물엿, 다진파, 다진마늘, 깨소금, 참기름을 넣고 양념장을 만든다.

만드는 방법

1. 꽈리고추에 밀가루를 고루 묻히고 여분의 가루는 털어낸다.
2. 찜기에 물을 붓고 센불에 올려 끓으면 찜기에 젖은 면보를 깔고 꽈리고추를 넣고 5분 정도 찐다.
3. 찐 꽈리고추에 양념장을 넣고 고루 버무린다.

Tip

- 꽈리고추에 콩가루를 묻혀 찌기도 한다.
- 밥을 뜸 들일 때, 밥 위에 얹어서 찌기도 한다.

Story Telling

개성오이선은 오이를 볶지 않고 끓는 물에 소금을 넣고 살짝 데쳐 귀한 잣을 한알씩 넣고 기름기 없이 담백하고 깔끔하게 만든 음식이다. 그러나 일반 오이선은 오이에 칼집을 넣고 소금물에 살짝 절인 후에 아삭하게 볶아서 윤기를 내고 쇠고기, 표고버섯, 흰자 · 노른자 달걀 지단을 넣고 차갑게 만든 닷촛물을 부어 새콤달콤하게 만든다. 내 어린 날 여름 새벽아침에 소쿠리를 들고 어머니를 따라 오이밭에 나가면 밤새 내린 이슬을 한껏 머금은 오이가 초록색이 더욱 선명하여 보고만 있어도 시원한 청량감을 주었다. 오이를 따려고 하면 오이 꼭지에 달린 잔가시가 손을 찔러서 아프기도 하였는데, 지금도 푸른 오이를 보면 가시에 찔렸던 그때가 생각난다.

35

오이선

재료 및 분량

오이 2개(360g)

데치는 물: 물 2컵, 소금 ½큰술

쇠고기(우둔) 70g, 불린 표고버섯 2장(40g)

양념장 : 간장 ½큰술, 설탕 ½작은술, 다진파 ½작은술
다진마늘 ½작은술, 후추 0.1g, 깨소금 1작은술
참기름 1작은술

쇠고기육수 : 쇠고기 양지 50g, 물 2컵

단초물 : 육수 1컵, 소금 1작은술, 식초 2큰술, 설탕 2큰술
잣 ½큰술

재료 준비

1. 오이는 소금으로 비벼 씻어 4~5cm 길이로 자른 다음 오이 굵기의 ½ 정도는 양쪽에 비늘 모양으로 아래 위에 칼집을 2개씩 넣는다.
2. 쇠고기는 길이 3cm 폭 · 두께 0.3cm 정도로 곱게 채 썰고 표고버섯은 1시간 정도 불려서 물기를 빼고 곱게 채썬다. 쇠고기와 표고버섯에 양념장을 넣고 양념한다.

만드는 방법

1. 냄비에 오이 데치는 물과 소금을 넣고 센불에 올려 끓으면 오이를 넣고 2분 정도 데쳐서 찬물에 헹군다.
2. 쇠고기와 표고버섯은 팬을 달구어 식용유를 두르고 중불로 낮추어 볶는다.
3. 냄비에 쇠고기와 물을 넣고 센불에 올려 끓으면 중불로 낮추어 15분 정도 끓인 다음, 향채를 넣어 15분 정도 더 끓인 다음 식으면 면보에 걸러 육수를 만들고 소금, 식초, 설탕을 넣고 단초물을 만든다.
4. 오이 칼집속에 볶아 놓은 쇠고기와 표고버섯을 넣고 잣을 2개씩 끼운 다음, 길이로 2등분하여 그릇에 담고 단초물을 붓는다.

Tip

- 베합초에 쇠고기 육수를 넣으면 맛이 담백하고 감칠맛이 난다.
- 오이에 칼집을 너무 깊이 넣으면 갈라질 염려가 있다.
- 쇠고기와 표고버섯은 곱게 채 썰어야 오이칼집 속에 넣기 쉽다.
- 오이선에 들어갈 촛물은 차갑게 해서 먹어야 상큼하면서 개운한 맛을 느낄 수 있다.

Story Telling

조기조림은 조기에 무를 썰어넣고 양념장에 졸인 음식이다. 조기는 아주 담백한 생선이다. 조기를 소금에 절여 말린 것을 굴비라고 하는데, 천장에 굴비를 매달아 놓고 밥한 술 뜨고 굴비 한 번 쳐다보며 밥을 먹었다는 자린고비 이야기는 조기조림이 밥상에 오를 때마다 듣던 이야기였다. 조기조림은 할머님이 유난히 좋아하시던 음식으로 어머니는 조기조림을 할 때 밑에 무를 쓱쓱 썰어 넣고 조기를 얹고 양념장을 끼얹어 만드셨다. 다들 무조림 한 조각씩 먹고 할머니께서 손수 발라주신 조기 한 점씩을 흰 쌀밥이 담긴 숟가락 위에 얹어먹으면 그 맛이 얼마나 달디 달던지... 또, 달큰한 조기조림 국물에 밥을 비벼먹으면 짭조름하면서도 비릿한 생선 냄새가 얼마나 좋던지 그때가 생각난다.

36

조기조림

재료 및 분량

조기(중) 2마리(150g)
무 100g, 청고추 1개, 홍고추 ½개, 파 20g
양념장 : 간장 2큰술, 설탕 2작은술, 다진 파 2작은술
다진 마늘 1작은술, 후춧가루 0.1g, 참기름 1큰술
물 1컵

재료 준비

1. 조기는 비늘을 긁고 지느러미는 자르고 아가미로 내장을 빼내고 깨끗이 씻는다.
2. 무는 손질하여 깨끗이 씻어 가로 4cm 세로 3cm 두께 1.5cm 정도로 썬다.
3. 청 · 홍고추와 파는 씻어 길이 2cm 두께 0.5cm 정도로 어슷 썬다.
4. 양념장을 만든다.

만드는 방법

1. 냄비에 무를 깔고 양념장의 ½량을 끼얹고 조기를 올린 다음, 나머지 양념장 ½량을 고루 끼얹어 둘레에 물을 붓고, 센불에 올려 끓으면 중불로 낮추어 10분 정도 더 조린다.
2. 국물이 자작해지면 국물을 끼얹어 가며 8분 정도 조리다가 청 · 홍고추와 파를 넣고 2분 정도 더 조린다.

Tip

- 냄비 바닥에 국물이 조금 남아 있을 때 불을 꺼야 윤기가 나고 먹음직하다.
- 양념장에 고춧가루를 넣기도 한다.

夏

Story Telling

감자고추장볶음은 감자에 다진 쇠고기와 고수를 넣고 고추장으로 양념하여 매콤하게 볶은 음식이다. 개성사람들은 향이 짙은 고수를 좋아하여 감자볶음 외에도 김치나 생채, 전을 지질때도 고수를 넣어 다양하게 이용하였다. 하지때 나오는 햇감자를 이용하여 고수를 넣고 매콤하게 볶은 감자고추장볶음은 만들기도 쉽고 맛이 구수하여 개성사람들이 즐겨먹던 음식이다. 감자는 탄수화물이 풍부하여 식사대용, 구황식품, 밑반찬 등으로 다양하게 이용하였는데 비타민이 풍부하여 '밭의 사과'라고도 하였다. 어린 우리들이 고수냄새를 싫어하니까 어머니께서는 감자만 넣고 볶아 우리가 먹을 것은 덜어놓으시고 할머니, 아버지께는 고수를 넣어 볶아 드리곤 하셨다.

37

감자고추장볶음

재료 및 분량

감자 450g, 소금 ¼작은술
쇠고기(우둔) 50g
쇠고기양념장 : 간장 ½작은술, 설탕 ¼작은술
다진파 ½작은술, 다진마늘 ½작은술, 참기름 ½작은술
후춧가루 0.1g
양념장 : 고추장 1큰술, 간장 ½큰술
다진파 ½큰술, 다진마늘 1작은술, 청주 1큰술
물 ¾컵, 청 · 홍고추 ½개, 고수 15g
식용유 1큰술, 소금 ¼작은술

재료 준비

1. 감자는 깨끗이 씻어서 껍질을 벗기고, 가로 · 세로 · 두께 2㎝ 정도로 썰어 물에 담가서 전분을 뺀 다음, 소금을 넣고 10분 정도 절인 후에 물기를 뺀다.
2. 쇠고기는 핏물을 닦고, 길이 2㎝ 폭 · 두께 0.3㎝ 정도로 썰어서 쇠고기양념장을 넣고 양념한다.
3. 고수는 다듬어서 깨끗이 씻고 긴것은 작은 고수 길이에 맞추어 잘라 놓는다.
4. 청 · 홍고추는 씻어서 길이 2㎝ 두께 0.5㎝ 정도로 어슷 썬다.

만드는 방법

1. 팬을 달구어 식용유를 두르고 감자를 넣어 약불에서 2분 정도 볶다가 소금을 넣고 8분 정도 더 볶는다.
2. 팬을 달구어 양념한 쇠고기를 넣고 중불에서 1분 정도 볶는다.
3. 볶은 쇠고기에 양념장과 물을 붓고 센불에 2분 정도 올려 끓으면 볶은 감자를 넣고 약불로 낮추어 뚜껑을 덮고 가끔 저으면서 10분 정도 볶는다.
4. 감자가 익으면 청 · 홍고추를 넣고 30초 정도 볶다가 불을 끄고 고수를 넣는다.

Tip

- 고수의 양은 기호에 따라 가감한다.
- 쇠고기는 다진 쇠고기를 양념하여 넣기도 한다.
- 감자를 썰어 물에 담가 전분을 빼면 볶을 때 부서지지 않는다.

夏

Story Telling

고수감자채볶음은 감자를 채썰어 물에 담가 전분기를 빼고 기름에 볶다가 고수를 넣고 깨끗하게 볶은 음식이다. 북쪽 지방에 계신 분들은 고수의 향을 좋아하여 여러 가지 음식에 고수를 넣고 만들어 드신다. 중국이나 베트남을 다녀보니 그곳에서도 고수를 즐겨 쓰고 있었다.

고수는 한방에서 위장의 가스를 배출시키는 구풍제(驅風劑)로 사용하고 있으며, 영양학적으로 감자는 식이섬유가 많아 체내 혈중 콜레스테롤과 혈당을 낮추어 성인병 예방에 좋은 식품으로 알려져 있다.

고수가 들어간 음식은 향이 독특하여 처음에는 좋아하지 않지만 계속 먹게되면 고수의 향기에 빠지게 된다.

38

고수감자채볶음

재료 및 분량

감자 300g, 소금 ¼작은술
고수 15g, 청고추 1개, 홍고추 ½개
통깨 1작은술, 참기름 1작은술
소금 ¼작은술
식용유 1큰술

재료 준비

1. 감자는 깨끗이 씻어서 껍질을 벗기고 길이 6㎝ 폭 · 두께 0.5㎝ 정도로 채 썬 다음, 물에 담가 전분을 뺀다.
2. 채 썬 감자에 소금을 넣고 10분 정도 절인 다음, 물기를 뺀다.
3. 고수는 다듬어서 깨끗이 씻고 길이 2㎝ 정도로 썬다.
4. 청 · 홍고추는 씻어 길이로 반을 잘라 씨와 속을 떼어 내고 길이 2cm, 폭 · 두께 0.1cm 정도로 채 썬다.

만드는 방법

1. 팬을 달구어 식용유를 두르고 감자를 넣고 중불에서 4분 정도 볶다가 약불로 낮추어 2분 정도 더 볶는다.
2. 감자가 익으면 청 · 홍고추와 고수, 참기름, 통깨를 넣고 약불로 낮추어 1분 정도 볶는다.
3. 그릇에 고추감자채 볶음을 담는다.

Tip

- 고수는 기호에 따라 양을 가감한다.
- 감자는 물에 씻어서 전분을 빼야 볶을 때 팬에 달라붙거나 부서지지 않는다.
- 감자는 결대로 채 썰어 소금에 절였다가 볶으면 부서지지 않는다.
- 간을 보고 싱거우면 식성에 따라 소금을 더 넣어도 된다.

Story Telling

가지장아찌는 가지를 썰어 칼집을 넣고 소금에 절인 다음, 간장양념장에 넣고 절여서 숙성시킨 음식이다. 가지는 따서 두면 금방 시드는 채소로 주로 말려 두었다가 필요할 때 불려서 나물로 즐겨 먹지만 장아찌를 만들어 두고 먹기도 한다. 가지는 껍질이 두껍고 매끄러워서 오이소박이처럼 소를 채워 담가야 간이 잘 스미는데, 가지가 흔한 여름철에 담그면 색깔도 곱고 짭조름하면서 질감이 아삭아삭하여 여름부터 겨울까지 별미이다. 개성지방의 장아찌는 가지를 살짝 데쳐서 담그는 것과 소금이 아닌 재래식 청장에 담아 깊은 맛을 내는 것이 특징이다.

39

가지장아찌

재료 및 분량

가지 300g

소 : 청고추 1개

홍고추 1개, 마늘 2개(10g), 생강 5g

양념장 : 간장 1컵, 설탕 4큰술, 식초 2큰술, 물 1¼컵

재료 준비

1. 가지는 씻어서 물기를 닦고, 꼭지를 자른 다음, 길이 6㎝ 정도로 잘라 3~4군데 칼집을 넣는다.
2. 청 · 홍고추는 길이로 반을 잘라 씨와 속을 떼어 내고, 길이 2㎝, 폭 · 두께 0.1㎝ 정도로 채 썬다.
3. 마늘과 생강은 다듬어서 깨끗이 씻고, 길이 2㎝ 폭 · 두께 0.1cm 정도로 채 썬다.
4. 채 썬 청 · 홍고추와 마늘, 생강을 가지의 칼집 사이사이에 채워 넣는다.

만드는 방법

1. 냄비에 양념장을 붓고 센불에 올려 끓으면 불을 끄고 식힌다.
2. 용기에 소를 채운 가지를 담고 양념장을 부어 위에 무거운 것으로 눌러둔다.
3. 3일 정도 지나 양념장을 따라내고 센불에 올려 끓으면 중불에서 2분 정도 끓인 다음, 식혀서 용기에 다시 붓고 떠올라오지 않게 무거운 것으로 눌러 7일 정도 숙성시킨다.

Tip

· 가지는 하루 정도 꾸덕하게 말려서 만들거나 소금에 살짝 절여서 만들기도 한다.

· 기호에 따라 식초를 넣지 않기도 하며, 간장으로만 절여 먹기도 한다.

· 가지는 굵은 것은 씨가 많아서 물러지므로 굵기가 가는 것을 사용한다.

Story Telling

개성 장땡이는 햇된장에 찹쌀가루와 수수가루, 쇠고기, 채소 등을 넣고 만든 음식이다. 짭조름한 장떡은 봄철에 장을 거르고 남은 햇된장으로 만들어 일 년 내내 두고 먹는 저장음식으로 먹을수록 된장의 고소한 맛이 느껴진다. 개성사람들은 장떡을 장땡이라고 해서 쇠고기, 찹쌀가루, 수수가루, 풋고추, 부추 등 재료가 제법 많이 들어가는 영양식이다. 장땡이를 쪄서 채반에 널어 바짝 말릴 때면 채반 앞에 쪼그리고앉아서 장떡이 잘 마르도록 보살피는 것이 나의 임무였다. 앞뒤로 뒤집어 가며 장떡이 바짝 마르면 먼저 먹을 것은 어머니께서 참기름을 바르고 석쇠에 구워주셨고, 보관할 것은 항아리에 보관하였다. 장땡이 하나를 오물오물 베어 먹으면, 고소하고 향기로운 향이 입 안 가득 고이는데 그 맛을 잊을 수가 없다. 장떡을 만드는 날이면 어머니는 찹쌀을 넉넉히 불리셨는데, 찹쌀과 수수를 방앗간에서 빻아오시는 길에 인절미도 쪄 오신다. 구수한 콩가루를 듬뿍 묻힌 찰떡을 하나 집어 먹으면 입술에는 콩가루가 노랗게 묻고 목이 메었으나 너무나 맛있었다.

40

개성장땡이

재료 및 분량

된장 $1\frac{1}{2}$컵, 고추장 $\frac{1}{2}$컵
찹쌀가루 3컵(300g), 수수가루 1컵(100g)
쇠고기 100g
양념 : 다진파 1큰술, 다진마늘 2큰술, 깨소금 3큰술
후춧가루 $\frac{1}{3}$작은술
풋고추 3개(40g), 부추 50g
참기름

재료 준비

1. 쇠고기는 핏물을 닦고 곱게 다져서 양념한다.
2. 풋고추와 부추는 깨끗이 손질하고 풋고추는 길이로 2등분 하여 씨를 털어내고 부추와 함께 0.5cm 정도로 다진다.

만드는 방법

1. 된장과 고추장에 양념한 쇠고기를 넣고 잘 섞고 찹쌀가루, 수수가루와 풋고추, 부추를 넣고 치댄 다음, 직경 6~7cm 두께 0.7cm 정도로 둥글게 빚는다.
2. 찜기에 물을 붓고 끓으면 젖은 면보를 깔고 빚은 장떡을 넣고 5분 정도 찐다.
3. 장떡을 채반에 널어 바짝 말린다.
4. 잘 마른 장떡을 살짝 쪄서 참기름을 바르고 석쇠에 굽거나 팬을 달구어 식용유를 두르고 지진다.

Tip

- 1cm 정도의 크기로 썰거나 0.5cm 굵기로 채 썰어 먹는다.
- 식욕이 없을때 짭조름한 장땡이를 먹으면 입맛을 돋우어 준다.

Story Telling

고수겉절이는 손질한 고수에 갖은 김치양념을 넣고 버무린 음식이다. 고수겉절이는 담가서 바로 먹는 김치로 여름철 무더위에 입맛을 돋우기 위해 먹는 김치이다. 고수는 '고소'라고도 하는데, 머리를 맑게 할 뿐만 아니라 성질이 차서 몸의 열을 내리므로 사찰에서 정진할때 많이 이용하는 음식이라 한다.

개성지방에서도 고수를 이용한 음식이 여러 가지가 있는데, 고수는 특유의 향이 강하여 처음에는 거부감을 갖기 쉬우나 자주 먹으면 그 향에 취하여 자꾸 찾게 되는 식품이기도 하다. 고수씨는 한방에서 약재로 쓰이는데, 호유자 또는 향유자라 하여 위장 장애를 해소하고 소화를 돕는 데 효과가 있다고 한다.

41

고수겉절이

재료 및 분량

고수 150g
실파 20g, 청고추 ⅔개, 홍고추 ½개
양념 : 고춧가루 2작은술, 새우젓 2작은술
설탕 ¼큰술, 다진파 1작은술
다진마늘 1작은술
통깨 1작은술

재료 준비

1. 고수는 다듬어서 깨끗이 씻고 큰 것은 길이로 2등분하고 체에 밭쳐서 물기를 뺀다.
2. 실파는 다듬어서 깨끗이 씻고, 길이 3cm 정도로 썬다.
3. 청 · 홍고추는 씻어 길이로 반을 잘라 속을 떼어 내고 길이 3cm 폭 · 두께 0.2cm 정도로 채 썬다.
4. 새우젓은 건더기만 곱게 다지고, 양념 재료와 함께 넣고 섞어서 고수겉절이 양념을 만든다.

만드는 방법

1. 고수에 실파와 청 · 홍고추, 양념을 넣고 고루 버무린 다음 통깨를 넣는다.
2. 그릇에 고수 버무린 것을 소담하게 담는다.

Tip

- 고수겉절이는 먹기 직전에 무쳐야 물이 생기지 않는다.
- 어린 고수가 부드럽고 향이 은은하다.

Story Telling

개성 열무김치는 오이를 통째로 칼집 넣어 절인 다음 향채와 함께 소금물을 넉넉히 부어 익힌 물김치이다. 개성지방에서는 감자가 많이 나오는 계절에 열무와 오이도 같이 많이 수확하게 됨으로써 열무와 오이를 같이 넣고 김치를 맛있게 담그고 감자를 쪄서 뜨거울 때 시원한 열무김치와 함께 먹으면서 여름철의 별미로 즐겼다. 늦은 저녁 가족들과 함께 모닥불을 피워놓고 달라붙는 하루살이를 쫓으며 평상에 앉아 뜨거운 감자와 시원한 열무김치를 먹으면서 하늘의 수많은 별들을 보면서 형제들과 나누었던 많은 이야기들이 지금도 생생하다.

나이가 더 들면 지방으로 내려가 감자심고 채소심어 친구들을 불러 뜨거운 감자와 시원한 열무김치를 먹고 싶다.

42

개성열무김치

재료 및 분량

열무 200g, 소금 2작은술, 물 1컵

오이 1개 소금 1큰술, 물 1컵

청고추 ½개

소 양념 : 부추 20g, 양파 30g, 고춧가루 ½큰술
소금 ¼작은술

밀가루풀 : 밀가루 1½큰술, 물 1½컵

김칫국물 : 물 3컵, 홍고추 2개, 배 100g
소금 1⅓큰술, 설탕 1작은술
다진마늘 2작은술, 다진생강 ¼큰술
찹쌀 풀 200g

재료 준비

1. 열무는 다듬어서 길이 5㎝ 정도로 잘라 깨끗이 씻고, 소금물에 1시간 정도 절인 다음, 체에 건져 5분 정도 물기를 뺀다.
2. 오이는 소금으로 비벼 깨끗이 씻어 길이 6㎝ 정도로 자른 후 양끝을 1㎝ 정도 남기고 길이로 3~4군데 칼집을 넣는다. 오이는 소금물에 2시간 정도 절인 다음 체에 밭쳐 물기를 뺀다.
3. 부추와 양파는 다듬어서 깨끗이 씻고, 부추는 길이 0.5㎝ 정도로 썰고 양파는 가로·세로 0.5㎝ 정도로 썰어서 고춧가루와 소금을 넣고 오이소박이 소를 만든다.
4. 청고추는 길이 2㎝ 두께 0.3cm 정도로 어슷 썬다.

만드는 방법

1. 냄비에 물과 밀가루를 넣고 풀어서 중불에서 저으면서 끓여 풀을 쑤어 식힌다.
2. 믹서에 김치국물용 물과 홍고추, 배를 넣고 갈아서 나머지 재료와 밀가루풀을 넣고 섞어서 김칫국물을 만든다.
3. 절인 오이의 칼집 속에 준비한 소를 채워 넣는다.
4. 항아리에 오이소박이와 절인 열무를 켜켜이 담고 준비한 김칫국물을 부은 다음에 꼭꼭 눌러 놓는다

Tip

- 열무는 잎이 여리므로 살살 씻어야 풋내가 나지 않고, 오래 절이면 질겨지므로 살짝 절인다.
- 소박이용 오이와 열무는 어린 것이 좋다.
- 여름에는 1~2일 후에 먹을 수 있다.

Story Telling

개성 오이소박이는 고춧가루 사용하지 않고 찹쌀풀을 쑤어 새우젓국으로 간을 하여 만든 음식이다. 여름날 식욕이 떨어져 힘이 부칠 때쯤이면 어머니는 너무 크거나 작지 않은 오이를 따서 개성 오이소박이를 만드셨다. 여름철 별미인 개성 오이소박이는 시원하고 아삭한 맛이 일품이다. 어머니는 오이소박이를 만들 때는 꼭 찹쌀풀을 만들어서 함께 넣었다. 어머니가 오이의 칼집을 넣어 절여주시면 고사리 손으로 양념한 오이소박이 소를 채워 넣는 일을 도와 드렸다. 젓가락질도 서투를 때 매운 양념의 소박이소를 오이 속에 넣으면서 어머니와 해맑게 웃었던 기억이 난다. 개성오이소박이에는 소박이용 국물을 넉넉하게 넣어 슴슴하고 시원한 맛을 한껏 더했다. 한여름의 더위를 오이소박이를 먹으면서 시원하게 지낼 수 있었던 건 오이의 찬 성질과 더위를 걱정하는 어머니의 사랑 때문이었으리라 생각된다.

43

개성오이소박이

재료 및 분량

백오이 2개, 물 1½컵, 굵은소금 ⅔큰술
무 50g, 부추 20g, 홍고추 ½개
양념 : 새우젓국 2작은술, 마늘 5g, 생강 5g
찹쌀풀 : 찹쌀가루 1큰술 , 물 1컵
오이소박이국물 : 배 100g, 홍고추 1개, 양파 30g
물 ¼컵, 소금 ½큰술, 찹쌀풀국 100g

재료 준비

1. 오이는 소금으로 깨끗이 비벼 씻은 후, 길이 6㎝ 정도로 잘라서 양 끝을 1㎝ 정도 남기고, 길이로 3~4군데 칼집을 넣어 소금물에 2시간 정도 절여 물기를 닦는다.
2. 무는 다듬어 씻은 후 길이 1㎝, 폭 · 두께 0.2㎝정도로 채 썬다. 부추는 깨끗이 씻어 길이 1㎝ 정도로 썰고, 홍고추는 씻어서 길이 1㎝ 폭 · 두께 0.2㎝ 정도로 채 썬다.
3. 양념용 마늘과 생강은 다듬어 깨끗이 씻어 폭 · 두께 0.3㎝ 정도로 채 썬다.
4. 오이소박이국물용 배와 홍고추, 양파는 다듬어 씻은 다음 믹서에 물과 함께 넣고 2분 정도 곱게 갈아서 면주머니에 넣고 꼭 짜서 소박이 국물을 만든다.

만드는 방법

1. 냄비에 물을 붓고 찹쌀가루를 넣어 고루 섞은 후, 센불에 올려 저으면서 끓인 다음에 식혀 오이소박이 국물에 섞는다.
2. 채 썬 무와 부추, 홍고추에 양념을 넣고 고루 버무려서 오이소박이 소를 만든다.
3. 오이의 칼집 속에 양념한 오이소박이 소를 채워 넣는다.
4. 항아리에 오이소박이를 담은 후에, 버무린 그릇에 오이소박이 국물 재료를 넣고 섞어서 항아리에 붓고 무거운 것으로 눌러 둔다.

Tip

- 오이는 통으로 길이로 길게 칼집을 넣어 소를 채운 다음, 먹을 때에 꺼내어 썰어 먹기도 한다.
- 마늘과 생강이 씹히는 게 싫은 경우, 향채주머니에 마늘과 생강을 저며서 넣고 소박이 국물에 담가 두면 깔끔하게 즐길 수 있다.

Story Telling

수수벙거지는 수수를 물에 불려서 가루로 빻아 수수가루에 물을 주고 버물버물 버무려서 체에 내린것을 익반죽하여 납작하게 빚은 다음에 콩을 넣고 찐 떡이다. 수수벙거지는 '수수도가니' 또는 '수수옴팡떡'이라고도 하는데, 햇수수를 이용하여 벙거지 모자 모양으로 만든다고 하여 붙여진 이름이다.

수수는 찰 져서 잘 익지 않으므로 벙거지 모양으로 가운데를 눌러서 콩을 밑에 깔고 쪘다고 한다. 북쪽지방에서는 토양과 기후관계로 수수가 맛이 있고 잡곡이 많이 생산되어 여러 가지 음식을 해 먹었는데, 특히 수수를 이용하여 수수부꾸미를 비롯하여 경단과 벙거지 및 노티 등의 떡과 수수조청도 많이 해 먹었다.

44

수수벙거지

재료 및 분량

차수수가루 2컵, 찹쌀가루 ½컵, 소금 ½작은술

반죽하는 물 : 끓는 물 2~3큰술

검은콩(서리태) ¼컵, 물 2컵, 소금 ¼작은술

설탕 ½큰술

찌는물 10컵

재료 준비

1. 차수수가루에 찹쌀가루와 소금을 넣고 고루 섞어 체에 내린다.
2. 섞어 놓은 차수수가루와 찹쌀가루에 물을 넣고 고루 비벼서 체에 내린다.
3. 검은콩은 깨끗이 씻어 일어서 물에 3시간 정도 불린 다음, 체에 밭쳐 10분 정도 물기를 뺀다.

만드는 방법

1. 냄비에 검은콩과 물, 소금을 넣고 센불에 올려 끓으면, 중불로 낮추어 10분 정도 삶아 체에 밭쳐서 설탕을 넣고 고루 섞는다.
2. 찜기에 물을 붓고 센불에 올려 끓으면, 젖은 면보를 깔고 직경 16cm 정도의 스텐레스 떡틀을 넣고 콩의 ½량을 펼쳐 넣는다. 콩 위에 섞어 놓은 쌀가루를 넣어 가운데를 눌러서 움푹하게 한다. 다시 그 위에 나머지 콩의 ½량을 고루 올린다.
3. 찜기에 김이 오르면 15분 정도 찐다.

Tip

- 검은콩이 없을 때는 강낭콩이나 울타리콩 등 기호에 따라 다른 콩을 넣기도 한다.
- 벙거지 모양과 비슷한 떡이다.

Story Telling

복숭아과편은 복숭아과즙에 꿀이나 설탕 및 청포묵녹말을 넣고 끓여서 큰 그릇에 쏟아 굳힌 다음, 썰어서 먹는 한과이다. 예부터 집 앞이나 우물가 또는 동네 마을 입구에 복숭아나무 하나 정도는 심어두었는데, 이는 복숭아나무가 귀신을 쫓는 힘이 있다고 믿었기 때문이다. 귀한 음식을 할때나 부정을 쫓을 때는 복숭아가지를 꺽어 휘저어 나쁜 일이 생기지 않도록 미리 예방했다고 한다. 복숭아는 과즙이 풍부하고 단맛이 많아 여름철 더위를 식혀 주고 갈증을 가시게 하는 과일로 누구나 좋아하지만 장어를 먹은 후에 복숭아를 먹으면 설사를 하므로 주의해야 한다.『본초강목』에 의하면 복숭아는 미용에 가장 좋은 과일이라 하였으며, 고려의 귀족들은 복숭아 물로 목욕을 했다고 전해진다.

45

복숭아과편

재료 및 분량

복숭아(황도) 500g(2개), 물 2컵

녹말물 : 동부녹말 4큰술, · 물 ½컵

설탕 ½컵, 소금 ¼작은술

재료 준비

1. 복숭아는 깨끗이 씻어 껍질을 벗긴 후 과육만 잘라 낸다.
2. 과육은 두께 0.3cm 정도로 자른다.
3. 동부녹말은 물에 넣고 섞어서 녹말물을 만든다.

만드는 방법

1. 냄비에 복숭아 과육과 물을 붓고 센불에 올려 끓으면 중불로 낮추어 20분 정도 끓인다.
2. 약불로 낮추어 10분 정도 끓인 다음, 체에 내려 복숭아즙이 2½컵이 되도록 한다.
3. 냄비에 복숭아즙과 설탕, 소금을 넣고 중불에서 끓으면, 풀어 놓은 녹말물을 붓고 저으면서 끈기가 생기도록 8분 정도 더 끓인다.
4. 네모진 그릇에 물을 묻힌 다음, 끓인 복숭아즙을 부어 굳힌다.
5. 복숭아편이 굳으면 네모지게 썰거나 지름 3cm 정도의 꽃 모양 틀로 찍는다.

Tip

- 냄비 바닥에 눌러 붙을 수 있으므로 저어 가며 끓인다.
- 완성된 복숭아편은 가로 · 세로 3cm 정도의 사각형으로 썰기도 한다.
- 예전에는 녹두녹말을 사용하였다.
- 복숭아가 나오지 않는 계절에는 복숭아 통조림을 사용할 수 있다.

가을 秋

Story Telling

콩죽은 흰콩을 불려 갈아서 멥쌀과 함께 푹 끓여서 만든 음식이다. 콩죽을 쑤는 날이면 지금은 간단하게 믹서에 갈아 쑤지만 우리가 어렸을 때는 콩 불린 것을 방앗간에서 갈아오거나 마당에 멍석을 깔아 놓고 멧돌이 올라 갈만한 큰 그릇에 체다리를 놓고 체다리 위에 멧돌을 올려 놓고 콩을 넣고 간다. 멧돌 위의 작은 구멍에 콩을 수저로 조금씩 떠 넣으면서 어처구니(손잡이)를 잡고 빙빙 돌리면 콩이 갈아져서 나오는데, 콩이 되직하여 잘 내려오지 않으면 가끔은 수저로 물을 조금씩 떠 넣으면서 빙빙 돌렸다.

46

콩죽

재료 및 분량

흰콩 1컵, 불리는 물 5컵
삶는 물 600g
콩가는 물 4컵
쌀 ¾컵
죽 끓이는 물 5컵
소금 2작은술

재료 준비

1. 쌀은 깨끗이 씻어 일어서 물에 2시간 정도 불린 다음, 체에 밭쳐서 물기를 뺀다.
2. 흰콩을 깨끗이 씻어 일어서 물에 8시간 정도 불린 다음, 체에 밭쳐서 물기를 뺀다.

만드는 방법

1. 냄비에 흰콩과 물을 붓고 센불에 올려 끓으면, 중불로 낮추어 10분 정도 삶아 체에 밭쳐서 물기를 뺀다.
2. 삶은 콩은 손으로 비벼 씻어 껍질을 벗긴다. 믹서에 콩과 물을 함께 넣고 곱게 간다.
3. 냄비에 쌀과 물을 붓고 센불에 올려 끓으면, 중불로 낮추어 뚜껑을 덮고 가끔 저으면서 25분 정도 끓인다.
4. 죽이 어우러지면 갈아놓은 콩물을 붓고 20분 정도 더 끓여서 소금으로 간을 맞추고 2분 정도 더 끓인다.

Tip

- 콩을 곱게 갈면 죽이 부드럽다.
- 콩죽을 끓일 때 콩의 앙금이 가라앉아서 눋지 않도록 주의한다.
- 콩의 껍질을 벗기지 않아도 된다.
- 콩을 삶지 않고 사용가기도 한다.

Story Telling

콩탕밥은 쌀을 불려 돼지고기와 시래기, 콩을 갈아 넣고 밥을 지어 양념장에 비벼 먹는 음식이다. 콩탕밥은 북쪽지방에서 전래된 음식으로 '비지밥'이라고도 하는데, 콩 뿐만 아니라 감자와 시래기에서도 수분이 나와서 밥이 촉촉하고 먹기가 부드러워 어르신들이 특히 좋아하는 음식이다.

갈은 콩과 무청 시래기와 감자가 함께 어우러져 고소하고 섬유질이 많아 포만감이 오래간다. 옛말에 '비지땀'이란 말이 있는데, 비지를 만들기 위해 콩을 갈아서 헝겊에 싸서 짤 때 나오는 콩물처럼 땀을 많이 흘리는 것을 비유한 말로 그만큼 두부 만드는 것이 어렵다는 뜻을 나타내는 속담이기도 하다.

47

콩탕밥

재료 및 분량

흰콩 ¾컵, 가는 물 2컵
멥쌀 1컵, 물 2컵
무청시래기(삶은 것) 150g
돼지고기(삼겹살) 100g, 감자 ½개
들기름 1작은술
양념장 : 간장 2큰술, 고춧가루 ½큰술, 다진파 1작은술
다진마늘 ½작은술, 깨소금 1작은술, 참기름 1작은술

재료 준비

1. 콩은 씻어서 8시간 정도 불리고, 믹서에 가는 물을 붓고 간다.
2. 멥쌀은 깨끗이 씻어 일어서 30분 정도 물에 불리고, 체에 밭쳐서 물기를 뺀다.
3. 삶은 무청시래기는 손질하여 깨끗이 씻어 길이 3cm 정도로 썬다.
4. 돼지고기는 가로 2cm 세로 2cm 두께 0.3cm 정도로 썰고, 감자는 씻어 껍질을 벗기고 가로 1.5cm 세로 3cm 두께 0.5cm 정도로 썬다.

만드는 방법

1. 냄비를 달구어 들기름을 두르고, 무청시래기와 돼지고기 및 감자를 넣고 중불에서 2분 정도 볶다가 불린 멥쌀과 갈아 놓은 콩물을 붓고 센불에서 5분 정도 끓인다.
2. 약불로 낮추어 20분 정도 끓이다가 소금으로 간을 맞추고 2분 정도 더 끓인다.
3. 콩탕밥을 주걱으로 고루 섞어서 그릇에 담고 양념장과 함께 낸다.

Tip

- 밥을 하는 동안 뚜껑을 덮어 주어야 콩 비린내가 나지 않는다.
- 콩탕밥은 콩물이 바닥에 가라앉아서 눌지 않도록 불조절에 신경 쓴다.
- 콩탕밥은 수분을 충분하게 주어야 촉촉하고 맛이 좋다.

Story Telling

메밀만두는 메밀가루와 밀가루 및 감자가루를 섞은 만두피에 여러 가지 재료를 넣고 만든 음식이다. 최근에 먹는 만두는 모양도 아기자기 앙증맞지만 내가 먹던 개성지방의 메밀만두는 삼각형의 개불모양으로 만들어 손님이 오셨을때 대접하였다. 특히 메밀만두는 개성음식 중에서도 손꼽히는 별미음식이다.

개성분들은 손님이 오셨을 때나 가족모임, 생일, 설 명절이면 빠지지 않고 만두를 빚으신다. 우리집은 특히 생일날 만두를 빚어 함께 나눠먹으면서 복을 나눈다고 하였다. 한겨울에는 썰매를 타다가 집에 들어오면 어머님이 금방 쪄주신 만두 한 두개를 먹고 스르륵 잠이 들었다. 그때는 만두가 원래 그렇게 생긴 줄 알았다. 만두는 그렇게 넉넉하고 복이 있는 음식으로 아직도 내 기억 속에 아련하게 남아 있다. 그래서인지 나는 아직도 좋은 사람들을 만나면 만두를 커다랗게 빚어서 함께 나눠먹곤 한다.

48

메밀만두

재료 및 분량

육수 : 쇠고기(양지) 200g, 물 2.2kg(11컵)

향채 : 파 40, 마늘 20g

청장 ½큰술, 소금 1작은술

만두피 반죽 : 메밀가루 1½컵, 밀가루 1½컵

감자가루 1½컵, 물 1컵, 소금 1.5g

숙주 200g, 물 5컵, 소금 ½작은술

다진 쇠고기(우둔) 80g, 다진 돼지고기 80g

배추김치 160g, 두부 160g(½모)

양념 : 소금 ½작은술, 다진파 2작은술

다진마늘 1작은술, 깨소금 1큰술

후춧가루 ⅛작은술, 참기름 1큰술

달걀 1개, 미나리 20g, 밀가루 3.5g

양념장 : 간장 3큰술, 고춧가루 2작은술, 다진파 1큰술

다진마늘 1작은술, 깨소금 1큰술, 참기름 1작은술

재료 준비

1. 메밀가루와 밀가루, 감자가루에 끓는 물을 넣고 익반죽한 다음, 30분 정도 면보에 싸둔다.
2. 숙주는 꼬리를 떼어내고 깨끗이 씻어 끓는물에 소금을 넣고 2분 정도 데쳐서 물기를 짠 다음에 다진다.
3. 쇠고기는 핏물을 닦고 배추김치는 다져서 꼭 짠다. 두부는 물기를 짜서 곱게 으깨고 돼지고기와 함께 양념하여 만두소를 만든다.

만드는 방법

1. 냄비에 육수용 쇠고기와 물을 넣고 센불 올려 끓으면 향채를 넣고 중불로 낮추어 30분 정도 더 끓인다. 고기는 건져 찢고 육수는 식혀서 면보에 거른 다음, 청장과 소금을 넣어 간한다.
2. 달걀은 황백지단을 부치고 미나리는 초대를 부쳐서 가로 · 세로 2cm 정도의 마름모 모양으로 썬다.
3. 만두 반죽을 밀대로 두께 0.5cm 가로 · 세로 6cm 정도로 밀어서 만두소를 넣고 삼각형으로 빚는다.
4. 육수를 냄비에 올려 끓으면 만두를 넣고 만두가 익어서 떠오르면 그릇에 담고 고기와 계란지단 및 미나리초대를 올린 다음에 초장을 곁들인다.

Story Telling

토란국은 쇠고기 육수에 토란을 넣고 끓인 음식이다. 토란국은 원래 추석에 먹는 명절음식으로 이때가 흙속의 토기(土氣)를 가득 지니고 있어 가장 맛이 좋다. 국이나 탕 외에도 찜이나 조림으로도 즐겨 먹는다. 추석 전부터 나오는 토란은 장닭을 넣어 국을 끓여 먹기도 하였는데, 마치 찜처럼 국그릇 가득 토란을 담아 먹는다. 토란은 땅에서 나는 알이라 하여 토란(土卵)이라 하며, 잎의 모양이 연잎과 같다 하여 토련(土蓮)이라고도 한다. 추석에는 다른 여러 가지 음식으로 과식을 해서 배탈이 나기 쉬운데, 소화성이 좋은 토란으로 국을 끓여 먹는 것은 지혜로운 방법이다. 개성지방에서는 토란을 감자 찌듯이 늘 가마솥에 쪄서 나누어 먹는다.

49

토란국

재료 및 분량

쇠고기(양지머리) 200g, 물 8컵

향채 : 파, 마늘

양념장 : 청장 1큰술, 다진 마늘 1큰술, 후춧가루 ½작은술
참기름 1작은술, 토란 500g, 물 5컵, 다시마 10g, 파 20g
청장 1큰술, 소금 1작은술

재료 준비

1. 쇠고기는 핏물을 닦고, 냄비에 쇠고기와 물을 붓고 센불에 올려 끓으면 중불로 낮추어 20분 정도 끓이다가 향채를 넣고 20분 정도 더 끓인다. 쇠고기는 건져서 가로 2.5cm 세로 3cm 두께 0.3cm 정도로 썰어서 양념장을 넣고 양념한다. 육수는 식힌 다음 면보에 거른다.
2. 토란은 깨끗이 씻고, 다시마는 면보로 닦은 다음, 길이 4cm 폭 2cm 정도로 자른다.
3. 파는 다듬어서 깨끗이 씻고 길이 2cm 두께 0.5cm 정도로 어슷 썬다.

만드는 방법

1. 냄비에 물을 붓고 센불에 올려 끓으면, 토란을 넣고 3분 정도 삶아서 껍질을 벗기고, 큰 것은 2~3등분한다.
2. 냄비에 육수를 붓고 센불에 올려 끓으면, 토란을 넣고 끓이다가 쇠고기 · 다시마를 넣고 3분 정도 더 끓이고 중불로 낮추어 7분 정도 끓인다.
3. 청장과 소금으로 간을 맞추고 파를 넣어 2분 정도 끓인다.

Tip

- 생토란은 껍질을 벗기면 손이 가려우므로 살짝 익혀서 벗긴다.
- 개성에서는 주로 육수를 끓여서 사용하기도 하지만 고기를 얇게 썰어서 양념하여 볶다가 물을 부어 육수를 내기도 한다.

Story Telling

표고버섯찌개는 쇠고기 육수에 된장을 풀어 넣고 표고버섯을 푹 끓인 찌개이다. 표고버섯은 맛과 향기가 독특하여 생으로 볶아 먹거나 구이, 장아찌 등 다양하게 이용하는데, 표고버섯은 말린 것이 향과 맛, 영양이 더 풍부하다. 버섯에는 여러 가지 영양소가 있어 체내 면역력을 높여주며 해독작용도 해주는 좋은 식품이다.

표고버섯이 많이 나는 가을에 채취해서 생것은 바로 신선하게 요리를 하고 남은 것은 말려두었다가 필요할 때마다 불려서 사용한다. 어머니께서는 특히 버섯요리를 할 때는 버섯향을 살리도록 해야 한다고 하시며 너무 오래가열하거나 너무 진한 양념을 많이 넣지 않도록 말씀하셨다.

50

표고버섯찌개

재료 및 분량

표고버섯 4개(90g)
돼지고기 100g
양념 : 마늘 5g, 다진파 7g, 간장 18g, 참기름 2g
멸치국물 : 멸치 20g, 다시마 8g, 물 4컵, 대파 1뿌리(30g)
양파 ½개, 청양고추 1개, 홍고추 ½개, 된장 15g
소금 ½작은술, 고춧가루 ½작은술

재료 준비

1. 표고버섯은 물에 1시간정도 불려 물기를 빼고 0.5cm 정도로 채썬다.
2. 돼지고기는 가로 3cm 세로 2cm 두께 0.5cm 정도로 썰어 양념으로 양념한다.
3. 멸치는 내장을 떼어내고 다시마는 젖은 수건으로 닦는다.
4. 대파는 깨끗이 씻어 길이 2cm 두께 0.5cm로 어슷썬다.

만드는 방법

1. 팬을 달구어 멸치를 넣고 비린내가 나지 않을 정도로 볶는다.
2. 냄비에 멸치와 물을 붓고 센불에 올려 끓으면 중불로 낮추어 10분 정도 끓이다가 다시마를 넣고 불을 끈 다음, 5분 정도 두었다가 체에 걸러서 멸치국물을 만든다.
3. 냄비에 버섯과 돼지고기 양파 및 멸치국물을 넣고 센불에 올려 끓으면 된장을 풀어 넣고, 20분 정도 끓이다가 대파와 청고추를 넣고 2분 정도 더 끓인다.

Story Telling

신선로는 여러 가지 어육과 채소를 색깔 맞추어 돌려 담고 육수를 부어 끓이면서 먹는 음식이다. 입을 즐겁게 하는 탕이라 하여 '열구자탕(悅口子湯)'이라고도 한다. 신선로는 육류와 채소류뿐만 아니라 견과류 등 산해진미(山海珍味)의 맛을 한 그릇에서 맛볼 수 있으며, 다양한 재료를 사용하므로 영양소를 고르게 섭취할 수 있는 음식이다. 원래 '신선로'란 말은 화통이 붙어 있는 특수한 형태의 냄비, 즉 화로(火爐)를 가리키며, 먹는 동안에도 식지 않도록 숯불을 피워 넣고 계속 끓이면서 먹는 것이 특징이다. 신선로를 상에 올리고 국물을 다 먹으면 끓는 육수를 계속 보충하면서 뜨겁게 먹어야 제 맛을 느낄 수 있다.

51

신선로(神仙爐)

재료 및 분량

육수 : 쇠고기(양지머리) 200g, 무 100g, 물 8컵

양념장 : 청장 1작은술, 다진파 ½작은술, 다진마늘 ¼작은술

쇠고기(우둔)채 100g

완자용 다진 쇠고기(우둔) 50g, 두부 20g

양념장 : 청장 ½작은술, 다진파 ½작은술, 다진마늘 ¼작은술 깨소금 ½작은술, 후춧가루 ⅛작은술, 참기름 1작은술

천엽 30g, 소금 1작은술, 밀가루 3큰술

간 30g, 우유 ½컵, 등골 50g, 흰생선살 50g

천엽 간 등골 흰살생선 양념 : 소금 1작은술, 후춧가루 ½작은술

물 2컵, 소금 1작은술, 밤 3개

굴 50g

불린해삼 30g, 표고버섯 2장, 당근 1/5개, 물 1컵, 소금½작은술

달걀 4개, 미나리 20g, 밀가루 ½컵

은행 5알, 호두 2개, 잣 1작은술, 식용유 5큰술

재료 준비

1. 냄비에 육수용 쇠고기와 물을 붓고, 센불에 올려 끓으면 중불로 낮추어 20분 정도 끓이다가, 무를 넣고 20분 정도 더 끓인다. 쇠고기와 무는 건져서, 가로 2cm 세로 3cm 및 두께 0.3cm 정도로 썰어서 편육양념장을 넣고 양념한다. 육수는 면보에 걸러 청장과 소금으로 간을 한다.
2. 쇠고기는 길이 5cm 폭 · 두께 0.3cm 정도로 채 썰어서 고기양념장의 2/3량을 넣고 양념한다.
3. 완자용 쇠고기는 핏물을 닦고, 두부는 물기를 꼭 짜서 곱게 으깬 다음, 한데 섞고 고기양념장의 1/3량을 넣고 양념하여 직경 1.5cm 정도의 완자를 빚는다.
4. 천엽은 소금과 밀가루를 넣고 주물러 씻어서 잔칼질을 한다. 간은 우유에 담그었다가 얇은 막을 벗기고, 가로 5cm 세로 6cm 두께 0.3m 정도로 썬다. 등골은 골이 진 곳을 펴서 길이 15cm 정도로 자르고, 흰살 생선은 가로 5cm · 세로 6cm · 두께 0.3cm 정도로 포를 뜬다. 천엽 · 간 · 등골 · 흰살 생선은 소금과 후춧가루로 간한다.
5. 굴은 소금물에 살살 씻어 건지고 밤은 껍질을 벗겨서 0.5cm 두께로 썬다.
6. 불린 해삼은 가로 2cm 세로 6cm 정도로 자른다.
7. 표고버섯은 물에 불려서 기둥을 떼고 물기를 닦은 다음, 불린 해삼과 같은 크기로 썬다. 당근은 다듬어서 깨끗이 씻고, 해삼과 같은 크기로 자른다.
8. 달걀 황백지단과 미나리 초대를 부쳐서 가로 2cm 세로 6cm 정도로 썬다.
9. 호두는 따뜻한 물에 불려 속껍질을 벗긴다. 은행은 팬을 달구어 식용유를 두르고, 중불에서 볶아서 껍질을 벗긴다. 잣은 고깔을 뗀다.

만드는 방법

1. 팬을 달구어 식용유를 두르고, 완자에 밀가루를 입히고 달걀물을 씌운 다음 중불에서 굴리면서 지진다.
2. 팬을 달구어 식용유를 두르고 천엽 · 간 · 등골 · 흰살 생선에 밀가루를 입히고 달걀물을 씌워 팬에 각각 넣고 중불에서 노릇하게 지진다. 지진 전은 가로 2cm 세로 6cm 정도로 썬다.
3. 냄비에 물을 붓고 센불에 올려 끓으면 소금과 당근을 넣고 20초 정도 데친다.
4. 양념한 쇠고기와 무 · 채 썬 쇠고기를 신선로틀 바닥에 깔고, 그 위에 밤과 굴을 펴서 담고 준비한 재료를 색을 맞춰서 돌려 담는다. 그 위에 완자와 호두 · 은행 · 잣을 얹는다.
5. 냄비에 준비한 육수를 붓도 센불에 올려 끓으면 신선로에 붓고 뚜껑을 덮는다. 신선로 화통 안에 달구어진 숯불을 넣는다.

Tip

- 재료의 길이는 신선로 틀에 맞춘다.
- 신선로는 전골의 일종으로 육수를 부어 가며 끓이면서 먹는다.

Story Telling

배추속대찜은 배추속대를 소금물에 절여서 양념한 쇠고기와 표고버섯을 넣고 뭉근히 찌듯이 끓인 국물이 있는 음식이다. 배추속대찜은 숭심증(菘心蒸)이라고도 하는데, 겨울철 김장을 담고 난 배추 속에 쇠고기와 표고버섯 및 채소 등을 양념하여 배춧잎 사이사이에 채워넣고 육수를 부어 살짝 끓이면 배추 사이로 육수가 스며들어 부드럽고 맛있다. 맵거나 짜지도 않고 배추 주재료의 맛을 느낄 수 있으므로 즐겨 먹는 음식이다. 개성지방은 배추의 맛이 좋아 배추를 이용한 음식이 많은데, 푸른 겉잎은 말려서 우거지로 사용하며, 다듬은 배추는 김치로 사용하고, 배추 속은 쌈장에 그냥 찍어먹거나 생굴 등을 올려 쌈을 싸먹는 등 다양하게 식재료로 이용되고 있다.

52

배추속대찜

재료 및 분량

배추속대 1통

소금물 : 물 5컵, 소금 3큰술

쇠고기(우둔) 80g, 표고버섯 2장, 미나리 20g, 석이버섯 1g

양념장 : 간장 1/2큰술, 다진파 1작은술, 다진마늘 1/2작은술
후춧가루 1/8작은술, 참기름 1작은술

실고추 0.2g, 물 2 1/2컵, 청장 1/2큰술

재료 준비

1. 배추속대는 길이로 반을 자르고 다듬어서 소금물에 1시간 정도 절인 다음, 물에 씻고 채반에 건져 엎어서 물기를 뺀다.
2. 쇠고기는 핏물을 닦고 3/4량은 길이 4cm 폭 두께 0.2cm 정도로 채 썰고, 나머지 1/4량은 가로 세로 1.5cm 두께 0.3cm 정도로 썬다.
3. 표고버섯은 물에 불려 기둥을 떼고, 물기를 닦아 쇠고기와 같은 크기로 채 썬다. 미나리는 잎을 떼어 내고 줄기를 깨끗이 씻어서 길이 2cm 정도로 썬다.
4. 석이버섯은 물에 불려 깨끗이 비벼 씻고 가운데 돌기를 떼어 내어, 채 썰고 실고추는 길이 2cm 정도로 자른다.

만드는 방법

1. 채 썬 쇠고기와 표고버섯, 미나리를 섞어서 양념장의 2/3량으로 양념하여 소를 만들고, 편으로 썰은 쇠고기는 나머지 양념장 1/3량을 넣고 양념한다.
2. 배춧잎 사이사이에 속이 빠지지 않게 소를 잘 넣는다.
3. 전골냄비에 쇠고기를 깔고 물을 부어 청장으로 간을 맞춘 다음, 센불에 올려 끓으면 배추속대를 넣고 중불로 낮추어 13분 정도 끓인다.
4. 석이버섯과 실고추를 올리고 2분 정도 더 끓인 다음, 먹기 좋은 크기로 썰어 낸다.

Tip

- 너무 오래 익히면 배추잎의 질감이 물러지므로 시간에 주의한다.
- 배추속대를 절이지 않고 소금물에 데쳐서 사용하기도 한다.
- 무를 채썰어 같이 넣고 끓이기도 한다.

Story Telling

개성나물은 무를 채썰어 볶아서 데친 미나리와 숙주 그리고 채 썬 곶감을 같이 넣고 양념하여 만든 음식이다. 개성음식은 맛과 모양에 정성을 들이는 것이 특징이다. 개성나물 또한 보통의 나물보다 아삭한 숙주와 무, 미나리가 들어가고 곶감을 채로 썰어 넣어 색스럽고 화려하다. 무의 담백한 맛과 미나리의 향긋한 향 그리고 아삭한 숙주에 달콤한 곶감이 어우러졌다. 개성나물은 가을부터 겨울동안 입맛을 돋우게 하는 별미 음식이다. 가끔씩은 김을 구워 부셔서 나물에 같이 넣고 무치기도 한다.

가을철이 되면 곶감을 손질하시는 어머니 옆에 앉아 곶감 꼭지에 붙어 있는 곶감을 뜯어먹던 어릴 적 생각이 난다.

53

개성나물

재료 및 분량

숙주 200g, 미나리 60g

숙주 양념 : 소금 1작은술, 다진 파 ½큰술

다진 마늘 ½작은술, 참기름 ½큰술

무 100g, 소금 ¼작은술

무 양념 : 다진 마늘 ½작은술, 참기름 1작은술

곶감 1개

재료 준비

1. 숙주는 머리와 꼬리를 떼어 깨끗이 씻고 미나리는 잎을 떼고 줄기를 깨끗이 씻는다.
2. 무는 다듬어 씻어 길이 6cm 폭 · 두께 0.3cm 정도로 썰어서 소금을 넣고 10분 정도 절였다가 물기를 짠다.
3. 곶감은 꼭지를 따고 길이로 반을 잘라 펴서 길이 4cm 폭 0.3cm 정도로 채 썬다.

만드는 방법

1. 냄비에 물을 붓고 센불에 올려 끓으면, 소금과 숙주를 넣고 2분 정도 데쳐 건지고, 미나리는 30초 정도 데쳐 물에 헹구어 길이 5cm 정도로 자른다.
2. 무에 무양념을 넣고 버무려서 달구어진 팬에 1분 정도 볶아 식힌다.
3. 숙주와 미나리에 양념을 넣고 고루 무친 다음, 볶은 무와 곶감을 넣고 고루 섞는다.

Tip

- 바로 먹을 때는 김을 구워서 부셔 넣고 무치기도 한다.
- 숙주는 데쳐서 물에 헹구지 않고 체에 밭쳐 식힌다.
- 미나리는 살짝 데쳐야 색이 곱고 씹는 맛이 좋다.

Story Telling

무를 큼직하게 썰어서 새뱅이를 넣고 조린 음식이다. 옛날에는 무가 귀해서 채소가 아닌 약으로 여겼는데, 특히 가을무는 인삼과 맞먹는다 하여 밥을 적게 먹는 아이들에게 아침저녁으로 국을 끓일 때 무를 토막 내어 넣고 익혀서 먹였다고 한다. 실제로 무에는 소화 효소가 들어 있기 때문에 무로 음식을 해 먹으면 소화가 잘 된다. 여름철 냇가에서 그물로 잔새우를 잡아다가 시원한 무를 저며 넣고 조림을 하면 약간의 새뱅이 흙냄새와 시원한 무가 어울려서 맛이 특별하였다. '채소의 왕'이라 불리는 무를 지역적으로는 무시 또는 무수라고도 하였는데, 『후한서, 유분자전(劉盆子傳)』에는 장안에 적이 들어와서 궁전을 둘러싸고 있을 때 일천 궁녀가 무를 먹으면서 끝까지 저항하였다고 하여 '수절채'라 불렀으며, 사내아이를 낳기를 기원한다 하여 '다산채'라고도 불렀다고 한다.

54

무 양념조림

재료 및 분량

무 ¼개(200g), 새뱅이 100g

양념장 : 간장 2큰술, 다진 파 1큰술, 다진 마늘 ½큰술
깨소금 ½큰술, 참기름 1큰술, 물엿 ½큰술

물 2컵

재료 준비

1. 무는 길이로 4등분하여 두께 1cm 정도의 은행잎 모양으로 썬다.
2. 새뱅이는 깨끗이 씻어 물기를 뺀다.
3. 무에 양념장을 넣고 고루 섞어 10분 정도 둔다.

만드는 방법

1. 냄비에 무를 깔고 새뱅이를 얹고 물을 부어 센불에 올려 끓으면 중불로 낮추어서 국물을 끼얹어 가며 20분 정도 조린다.

Tip

- 기호에 따라 고추장과 고춧가루를 넣어 조리기도 한다.
- 무를 빗겨 썰어 새뱅이를 넣고 조리기도 한다.

Story Telling

생김치볶음은 바로 담가 익지 않은 생김치에 쇠고기를 양념하여 같이 볶은 음식이다. 배추김치를 담그는 날이면 어머니는 빠지지 않고 생김치볶음을 만들어 주셨다. 흔히 김치볶음이라고 하면 푹 익은 김치를 볶는데, 개성 지방에서는 익지 않은 김치와 쇠고기를 함께 넣어 배춧잎이 잘 익을 정도로만 살짝 끓였다.

배추김치가 익어도 아삭아삭하면서 씹는 맛이 특별하다. 게다가 특별한 날에만 먹을 수 있는 쇠고기가 함께 들어가 있으므로 생김치볶음을 별미로 먹었다. 생김치볶음은 고기의 담백한 맛을 살리고 느끼한 맛은 사라지는 음식으로 넉넉한 생김치볶음 국물에 밥을 비벼 촉촉하게 먹기도 한다.

55

생김치볶음

통배추김치

재료 및 분량

배추 2통96.5kg), 굵은 소금 3½컵, 무 1½개
청각 25g, 갓 250g, 미나리 100g, 쪽파 300g
파 350g, 마늘 3통(130g), 생강 3큰술(10g)
굴 1컵(200g), 생새우 ½컵(100g)
새우젓 ½컵(130g), 고춧가루 2컵(160g)
멸치젓 1컵(230g), 고운소금 1½큰술(15g)
설탕 1큰술

재료 준비

1. 배추는 뿌리 밑동과 겉잎을 다듬고 길이로 포기의 반만 칼집을 넣어 손으로 쪼개서 15%의 소금량중 ½량은 물에 녹여 배추를 절인 다음에 나머지 ½량은 배추 줄기 사이사이에 켜켜이 뿌린다. 배추의 자른면이 위로 오게 하여 3시간 정도 절인 다음, 뒤집어서 3시간 정도 더 절인다. 절여진 배추는 물에 3~4회 정도 깨끗이 씻어 채반에 건져 물기를 뺀다.
2. 무는 깨끗이 다듬어 씻어서 길이 4cm 정도로 채 썬다. 파, 청각, 갓, 미나리, 쪽파도 씻어서 3cm 길이로 썬다. 마늘과 생강은 곱게 다진다.
3. 멸치젓은 동량의 물을 넣고 달여서 고운체에 받쳐 맑은 멸치 젓국을 만든다. 새우젓은 건지만 건져 잘게 다져 놓는다. 생굴과 생새우는 옅은 소금물에 살살 씻어 물기를 뺀다. 생새우는 곱게 다지고 고춧가루는 멸치 젓국에 불려 놓는다.
4. 무채에 불려 놓은 고춧가루와 나머지 준비한 재료를 넣고 버무린 후에 생굴과 생새우를 넣고, 소금, 설탕으로 간을 맞추어 김치 양념을 만들어 놓는다. 배추 사이 사이에 버무려 놓은 양념을 고루 펴 넣는다.

생김치볶음

재료 및 분량

생배추김치 1kg, 쇠고기 200g
양념 : 다진파 1큰술, 다진마늘 ½큰술
깨소금 1큰술, 후춧가루 ¼작은술
참기름 1큰술
물 1컵

재료 준비

1. 쇠고기는 핏물을 닦고 두께 0.3cm · 가로 3cm · 세로 2.4cm 정도의 크기로 썰어 쇠고기 양념장으로 양념한다.
2. 미리 담아 놓은 배추김치는 잎쪽에서 3cm 길이로 3번 정도 썬다.

만드는 방법

1. 냄비에 쇠고기를 볶다가 배추 김치를 넣고 3분 정도 볶으면서 물을 붓고 배추잎이 잘 익을 정도로 끓인다.
2. 그릇에 배추 김치를 담는다.

Story Telling

개성 닭볶음은 닭을 먹기 좋게 썰어 감자와 당근을 넣고 고추장으로 볶은 음식이다. 봄에 알을 깨고 나온 병아리가 여름내 모이를 쪼아 먹고 자라서 가을이 되면 토실토실한 토종닭이 된다. 친구들과 구구구구 닭을 몰아가면서 재밌게 놀았는데, 어느 날 닭이 사라지고 나면 다음날 닭볶음이 상에 올랐다. 어머니가 우리 몰래 잡아서 음식을 하신 것이다. 닭볶음은 질기지 않고 부드러운데 함께 먹는 감자와 당근이 유난히 맛있다. 개성지방에서는 닭을 요리에 많이 사용하는 편이다. 특히 개성닭볶음은 은은한 양념 맛이 깊이 있게 배어 있다.

56

개성닭볶음

재료 및 분량

닭 600g, 튀하는 물 5컵
감자 120g, 당근 50g, 양파 50g
청고추 1개, 홍고추 1개
물 3컵
양념장 : 고추장 1큰술, 간장 3큰술, 고춧가루 1큰술
설탕 1큰술, 다진파 1큰술, 다진마늘 2작은술
생강즙 2작은술, 깨소금 ½큰술, 참기름 1큰술

재료 준비

1. 닭은 내장과 기름을 떼어 내고 깨끗이 씻어서, 가로 · 세로 4~5cm 정도의 크기로 자른다.
2. 감자와 당근은 씻어서 껍질을 벗기고 4등분 하여 모서리를 다듬고, 감자는 물에 담가 전분을 뺀다.
3. 양파는 다듬어 씻고 가로 3㎝ 세로 4㎝ 정도로 썬다.
4. 청 · 홍고추는 씻어서 길이 2cm 두께 0.5cm 정도로 어슷 썬다.

만드는 방법

1. 냄비에 튀하는 물을 붓고, 센불에 올려 끓으면 닭을 넣고 튀한다.
2. 냄비에 튀한 닭과 양념장의 ⅔량을 넣고 물을 부어 센불에 올려 끓으면 감자를 넣고 중불로 낮추어 20분 정도 끓이다가 나머지 양념장 ⅓량과 당근을 넣고 10분 정도 더 끓인다.
3. 양파와 청 · 홍고추를 넣고 2분 정도 국물을 끼얹으며 윤기 나도록 졸인다.

Tip

- 닭을 튀한 다음 기름에 노릇하게 지져서 끓이기도 한다.
- 감자나 당근을 처음부터 넣으면 뭉그러진다.

Story Telling

김치순두부찌개는 배추김치와 돼지고기를 넣고 끓이다가 몽글몽글한 순두부를 넣고 끓인 음식이다. 요즘에 7분 돼지 김치찌개를 판매하는 것을 보았는데, 김치순두부찌개의 초벌이 바로 7분이었다. 어머니는 꼭 잘 익은 배추김치와 돼지고기를 넣고 끓이셨고, 많이 젓지 않아 몽글몽글한 순두부를 떠먹는 김치순두부찌개는 다른 반찬 필요 없이 밥 한 그릇을 비울 수 있는 음식이다. 최근에 순두부찌개에는 시원하고 깔끔한 맛으로 조개류를 주로 넣는데, 아직도 나는 돼지고기가 들어간 투박한 김치순두부찌개를 즐겨 먹는다.

57

김치순두부찌개

재료 및 분량

배추김치 120g, 돼지고기(삼겹살) 100g

고기양념장 : 청장 ½작은술, 다진파 1작은술
다진마늘 ½작은술, 생강즙 ½작은술
후춧가루 ⅛작은술

물 1½컵, 순두부 600g, 파 20g, 청고추 1개
홍고추 ½개

양념장 : 청장 ½큰술, 고춧가루 1큰술
다진파 1큰술, 다진마늘 ½큰술, 참기름 1½큰술
소금 1작은술

재료 준비

1. 배추김치는 속을 털어 내고 가로 · 세로 1.5cm 정도로 썬다.
2. 돼지고기는 핏물을 닦고 가로 · 세로 2cm 두께 0.3cm 정도로 썰어서 고기양념장을 넣고 양념한다.
3. 파와 청 · 홍고추는 다듬어서 씻고 길이 2cm 두께 0.3cm 정도로 어슷 썬다.

만드는 방법

1. 냄비를 달구어 배추김치와 돼지고기를 넣고 중불에서 2분 정도 볶다가 물을 붓고, 센불에 올려 끓으면 중불로 낮추어 7분 정도 끓인다.
2. 순두부와 양념장을 넣고 5분 정도 끓이다가 파와 청 · 홍고추를 넣고 2분 정도 더 끓인다.
3. 소금을 넣고 간을 맞춘다.

Tip

- 돼지고기 대신 쇠고기, 조갯살, 굴 등을 넣고 끓이기도 한다.
- 순두부는 오래 끓이면 부드러운 맛이 없어지므로 살짝 끓인다.
- 순두부찌개를 끓일 때는 너무 많이 저으면 순두부가 부서진다.

Story Telling

더덕구이는 껍질 벗긴 더덕을 방망이로 두들겨 찢어서 고추장에 양념하여 구운 음식이다. 더덕구이는 할머님 생신이면 꼭 빠지지 않고 만드시는 음식인데, 지금처럼 간장과 참기름을 넣어 유장처리하지 않고 화로에 숯불을 피워서 석쇠에 올려놓고 구우셨다. 항상 마당 한 컨에서 더덕을 구우셨는데 그 냄새가 불고기를 굽는 냄새와 같이 좋은 냄새였다. 쫄깃쫄깃한 질감과 더덕의 향, 그리고 맛이 너무 좋았다.

58

더덕구이

재료 및 분량

더덕 300g

소금물 : 물 2컵, 소금 1큰술

양념장 : 고추장 2큰술, 고춧가루 1작은술, 간장 1큰술
설탕 1큰술, 다진 파 2작은술, 다진 마늘 1작은술
깨소금 ½큰술, 참기름 1큰술

식용유 2큰술

재료 준비

1. 더덕은 깨끗이 씻어 껍질을 벗기고 길이로 2~3등분한다.
2. 더덕을 소금물에 20분 정도 담가 쓴맛을 빼고 방망이로 두드려서 1cm 정도의 굵기로 찢는다.
3. 양념장을 만든다.

만드는 방법

1. 찢어 놓은 더덕에 양념장을 넣고 잘 주무른다.
2. 석쇠를 달구어 식용유를 바르고 더덕을 석쇠 위에 얇게 펴 놓고 석쇠를 15cm 정도의 높이로 올리고 센불에서 앞뒤로 타지 않게 뒤집어 가며 굽는다.

Tip

- 고추장 양념이 들어갔으므로 타지 않게 불조절을 잘 해야 한다.
- 더덕을 간장과 기름으로 유장 처리한 다음 석쇠에 올려 애벌구이를 해도 된다.

Story Telling

개성 돼지불고기는 돼지고기를 끓는 고추장에 새우젓을 넣고 양념하여 불에 구운 음식이다. 개성은 돼지고기의 명산지로 돼지고기로 찜, 찌개, 수육 등 다양한 음식으로 만들어 즐겼다. 특히 개성 돼지불고기는 기름기가 많은 삼겹살 부위를 두툼하게 썰어서 새우젓을 넣고 매콤하게 고추장양념을 하여 숯불에 구워 먹는 별미음식이다.

마당에서 흙으로 빚은 화로에 숯불을 피워 석쇠를 올려놓고 맛있게 양념한 돼지고기를 올려 구우면 돼지고기 굽는 냄새와 연기가 집안을 돼지고기 냄새로 진동시킨다. 가끔 화로에 불이 꺼지면 재빨리 풍구를 화로 밑 공기통에 대고 풍구 손잡이를 잡고 열심히 돌리면 금방 바람이 화로속으로 들어가서 숯불의 불똥이 불꽃놀이하듯 튀어 오르면서 숯은 금방 벌겋게 달아오른다. 이때 어머니께서 들여다 보시면서 숯불이 너무 뜨겁게 달아오르면 고기가 탄다고 다시 숯불을 약하게 만들어 고기를 굽곤 했다.

59

개성돼지불고기

재료 및 분량

돼지고기(삼겹살) 600g

양념장 : 고추장 1큰술, 고춧가루 2큰술
설탕 1큰술, 다진파 1큰술, 다진마늘 1큰술
다진생강 1큰술, 후춧가루 ⅓작은술
새우젓 3큰술, 청주 2큰술, 참기름 1큰술

재료 준비

1. 삼겹살을 0.5cm 두께로 길이대로 썬다.
2. 양념장을 만든다.
3. 돼지고기에 양념장을 넣고 버무린다.

만드는 방법

1. 석쇠를 달구어 식용유를 바르고 돼지고기를 올려놓고 석쇠를 높이 15cm 정도 올려 센불에서 앞뒤로 7분 정도 굽는다.
2. 잘 구워진 돼지고기를 4cm 길이로 썰어 그릇에 담는다.

Tip

- 돼지고기를 통째로 끓는 물에 튀하여 길이대로 0.4cm 두께로 썰어 사용해도 좋다.
- 고추장 양념이므로 타지 않게 잘 굽는다.

Story Telling

개성 장굴비는 조기에 양념장을 발라 꾸덕꾸덕하게 말려서 굴비로 만들어 석쇠에 구워먹는 음식으로 조기가 많이 잡히는 봄에 말려서 두고 먹는다. 조기란 사람의 기운을 북돋워 준다고 하여 붙여진 이름으로 예로부터 명절상, 잔칫상, 제사상, 차례상 등에 빠지지 않고 올린 생선이다.

음력 4월경에 어머니께서는 시장에 가셔서 조기를 한 가마씩 많이도 사오셨다. 사오신 조기는 할머니와 어머니께서 대, 중, 소로 나누어 중간 정도의 조기로 장굴비를 만드셨다. 조기의 아기미속에 소금을 집어넣고, 다시 조기 전체에 소금을 뿌려 차곡차곡 항아리에 담으셨다가 조기에 간이 잘 들면 S자 모양의 철사에 조기코를 끼우고 마당 가운데 빨랫줄에 널어서 바짝 말리셨다. 잘 말린 굴비는 다시 항아리에 넣고 일 년 양식으로 두고 먹었다.

60

개성장굴비

재료 및 분량

조기(中) 2마리

양념장 : 간장 4큰술, 다진파 1큰술

다진마늘 ½큰술, 고춧가루 ½큰술

후춧가루 ¼작은술, 참기름 ½큰술

재료 준비

1. 참조기는 비늘을 긁고 지느러미와 꼬리를 떼어낸 다음, 등쪽으로 머리에서부터 꼬리까지 길게 칼집을 넣고 벌려 펴서 알과 내장은 꺼낸다.
2. 양념장을 만든다.

만드는 방법

1. 준비한 조기에 양념장을 바르고 하루 정도 재운다.
2. 조기에 간이 잘 배었으면 채반에 널어놓고 꾸득꾸득하게 3~4일 정도 그늘에서 말린다.
3. 석쇠를 달구어 식용유를 바르고 말린 굴비를 얹고 석쇠를 15cm 정도로 올려 센불에서 앞 · 뒤로 뒤집어 가며 15분 정도 굽는다.

Tip

- 굴비를 구울 때 양념장이 타기 쉬우므로 15cm 높이에서 굽는다.
- 오래 두고 먹을 장굴비는 통째로 손질하여 양념장을 발라 꾸덕하게 마르면 냉동실에 보관해 두고 필요할 때 꺼내어서 구워 먹기도 한다.

Story Telling

북어채전유어는 북어를 물에 살짝 축여 살만 발라 찢어서 밀가루 반죽에 넣고 잘 섞어서 기름에 지진 음식이다. 북어채전은 개성에서 주로 겨울철에 즐기는 음식으로 보푸라기가 많이 생기고 살이 노란 황태로 만들어야 맛이 좋은데, 잘게 찢어 갖은 양념을 하여 밀가루즙에 섞어서 지진 북어채전은 뜨거울 때 먹어도 맛이 좋지만 식어서 뻔뻔해졌을 때에는 불에 다시 살짝 구워 먹어도 별미이다.

개성지방에서는 제사때 북어채 전유어를 네모지고 두툼하게 많이 부친 후에 높이 고여서 상에 올렸다.

61

북어채전유어

재료 및 분량

북어포 ½마리, 소금 ⅛작은술, 참기름 1작은술
청고추 ½개, 홍고추 ½개
반죽 : 밀가루 1컵, 물 ⅔컵, 달걀 1개, 소금 ½작은술
초간장 : 간장 1큰술, 식초 1큰술, 물 1큰술
식용유 2큰술

재료 준비

1. 북어포는 머리와 꼬리, 지느러미를 자르고, 물에 잠깐 담그고 부드러워 졌으면 꼭 짜서 뼈와 가시를 떼어내고 길이 4㎝ 폭 0.5㎝ 정도로 찢은 후 소금과 참기름으로 양념한다.
2. 청 · 홍고추는 씻어 길이로 반을 잘라서 씨와 속을 떼어내고 길이 2㎝ 폭 · 두께 0.2㎝ 정도로 채 썬다.
3. 밀가루에 물과 소금, 달걀을 넣고 고루 섞어서 북어채 반죽을 만든다.

만드는 방법

1. 팬을 달구어 식용유를 두르고 중불에서 밀가루 반죽을 떠 놓고 직경 5~6cm이[두께 0.2cm 정도로 둥글게 만든다.
2. 반죽 위에 북어채를 골고루 펴서 놓는다.
3. 북어채 반죽 위에 밀가루 반죽을 얇게 펴고 청 · 홍고추를 고명으로 얹고 앞뒤로 노릇하게 지진다.

Tip

- 통북어를 물에 불려서 살만 발라서 잘게 찢고 채소를 넣고 크게 전을 지져서 잘라서 먹기도 한다.
- 밀가루 반죽이 되면 전이 뻣뻣하므로 반죽의 농도에 주의한다.

Story Telling

도토리부침은 도토리가루와 밀가루를 섞어서 물로 묽게 반죽하여 지진 음식이다. 도토리부침은 도토리의 향이 좋고 기름에 지져 냈을 때에 질감이 특별하여 별식으로 잘 어울린다.

가을철 도토리가 떨어질 때면 산에 올라가서 어머니가 만들어 주신 보자기 가방을 허리에 묶고, 땅에 떨어진 도토리를 주어서 보자기 가방에 가득 채웠다. 언니 · 오빠와 누가 더 많이 주었는지 경쟁도 하면서 많이도 주웠는데, 지금 생각해 보면 다람쥐의 양식을 뺏어 먹은것이니 미안한 일이었다.

62

도토리부침

재료 및 분량

도토리가루 1컵

밀가루 ¼컵, 소금 1작은술, 물1컵

부추 30g, 홍고추 ½개

식용유 3큰술

초간장 : 간장 1큰술, 식초 1큰술, 물 1큰술

재료 준비

1. 도토리가루와 밀가루를 섞어서 체에 친다.
2. 부추는 다듬어서 깨끗이 씻고 길이 2cm 정도로 썬다.
3. 홍고추는 씻어서 길이로 반을 잘라 씨와 속을 떼어 내고, 길이 2cm 폭 · 두께 0.3cm 크기로 채 썬다.

만드는 방법

1. 도토리가루와 밀가루에 소금과 물을 넣고 반죽한 다음, 준비한 홍고추와 부추를 넣고 고루 섞는다.
2. 팬을 달구어 식용유를 두르고, 반죽을 떠서 두께 0.3cm 정도로 둥글게 펴놓고 중불에서 앞뒤로 노릇하게 지진다.
3. 초간장과 함께 낸다.

Tip

- 기호에 따라 밀가루를 넣지 않고 도토리가루만 사용하기도 한다.
- 잘 상하지 않아 두고 먹어도 좋은 음식이다.
- 식용유를 여유있게 두르고 부치면 갈라지지 않고 부치기 쉽다.

Story Telling

콩부치개는 흰콩을 갈아서 지진 음식이다. 어머니께서는 흰콩이 나오면 녹두대신에 콩을 불려서 멧돌에 갈아 부치게를 해주셨다.

김치가 살짝 시어질 때에 돼지고기와 양념하여 가마솥 뚜껑을 뒤집어 놓고 돼지비계로 슥슥 문지르시고 한 국자씩 떠서 전을 부치신다. 한 국자씩 떠 넣을 때 '칙'하는 소리와 돼지비계의 구수한 냄새와 콩부치개 익는 냄새가 함께 어우러져 온 집안은 잔칫집같았다.

63

콩부치개

재료 및 분량

흰콩 75g, 쌀 80g, 물 160g, 소금 1/4작은술
다진 돼지고기 80g
양념 : 소금 1/2작은술, 다진파 1/2작은술,
다진 마늘 1/4작은술, 후춧가루 1/8작은술
청고추 1개
식용유 5큰술

양념장 : 간장 1큰술, 고춧가루 1/2큰술
다진파 1/2큰술, 다진마늘 1작은술
깨소금 1/2작은술, 후춧가루 1/8작은술
참기름 1/2큰술

재료 준비

1. 흰콩은 씻어 일어서 8시간 정도 불려 비벼 씻어서 껍질을 벗긴 다음 물기를 뺀다.
2. 쌀은 깨끗이 씻어 30분 정도 불려 체에 밭쳐서 10분 정도 물기를 뺀다.
3. 믹서에 흰콩과 쌀 · 물을 넣고 곱게 갈아서 콩부치게 반죽을 만든다.
4. 다진 돼지고기는 물기를 닦고 양념을 넣어 양념한다.
5. 청고추와 파는 다듬어 씻어 다진다.

만드는 방법

1. 흰콩과 멥쌀 갈아놓은 반죽에 양념한 돼지고기와 청고추, 파를 넣고 고루 섞어 소금으로 간을 맞춘다.
2. 팬을 달구어 식용유를 두르고 반죽을 직경 5cm 두께 0.5cm 정도로 둥글게 놓고 중불에서 앞뒤로 노릇하게 지진다.
3. 양념장과 함께 낸다.

Tip

- 부침용 콩은 곱게 갈아서 지지면 질감이 좋지 않으므로 거칠게 갈아서 사용한다.
- 콩껍질은 벗기지 않아도 된다.

Story Telling

참게장은 살아 있는 싱싱한 참게에 양념된 간장을 부어서 일정기간 숙성시켜 먹는 음식이다. 예부터 개성에서는 '밥도둑'이라 불리는 참게장을 즐겨 먹었는데 진간장이 아닌 맑고 짭조름한 청장으로 담는 것이 특징이다. 참게는 임진강의 참게가 유명하다. 게장뿐만 아니라 찌개, 전골, 국 등 다양하게 이용한다. 옛날에는 참게에 쇠고기를 먹여 이틀 정도 두었다가 게장을 담그면 맛이 있어 '귀한음식'으로 대접받았다고 한다.

참게장을 담그는 날이면 어머님은 큰 양푼에 물을 담고 게를 쏟아담곤 한다. 그 위에 자그마한 게가 나오지 못하게 큰 소쿠리를 씌우고 해감을 시켰다. 정성껏 손질을 하여 참게장을 담아서 잘 숙성되면 아버님은 등딱지에 뜨거운 밥을 한 술 떠 넣고 게딱지 속에 노란알과 함께 비벼 맛있게 드셨다.

64

참게장

재료 및 분량

참게 1kg
간장 4컵, 감초물 3컵(간장 3컵, 감초물 5컵)
소주 ½컵, 마늘 1통, 생강 20g, 건고추 2개
감초물 : 감초 5g, 황기 10g, 월계수잎 2장
물 1리터

재료 준비

1. 참게를 2일정도 물에 담가서 해감을 토하게 한다.
2. 참게를 솔로 깨끗이 문질러 닦아서 물기를 뺀다.
3. 마늘과 생강은 깨끗이 씻고 두께 0.3cm 정도의 편으로 썬다. 건고추는 닦아서 길이 2cm 정도로 썬다.
4. 황기는 5컵의 물에 2시간 정도 담구어 불린다.

만드는 방법

1. 손질한 참게에 소주를 붓고 1시간 정도 재웠다가 술은 따라 버린다.
2. 감초물에 간장을 넣고 한소큼 끓여 식힌다.
3. 단지에 참게를 넣고 마늘, 생강, 건고추를 켜켜이 담고 끓여 식힌 간장물을 부어 3일 정도 두었다가 간장만 따라내고 끓여 식혀서 붓기를 3번 정도 반복하여 단지에 붓는다.

Story Telling

개성 배추김치는 절인 배추에 여러 가지 부재료를 넣고 육수국물을 넉넉하게 부어 담은 김치이다. 개성 배추김치의 특징은 다른 배추김치에 비해 고수가 들어가고 김치 국물을 양지머리를 푹고아 국물을 넉넉히 넣고 고춧가루가 적게 들어가 시원하고 담백하게 만드는 것이다. 잘익은 배추김치 국물은 살얼음이 살짝 끼었을 때 퍼다가 국수를 삶아 넣어 먹기도 하고 식은 밥을 넣고 말아 먹기도 한다. 김치 항아리에 김치 국물을 다 먹고 국물이 없어지면 물에 소금과 새우젓으로 간을 한 심심한 국물을 넣고 다시 맛있는 국물을 만들어 겨우내 두고 먹는다. 지금도 맛있는 배추 국물에 국수를 말아 시원하게 먹던 생각이 난다.

65

개성배추김치

재료 및 분량

배추 1통(2kg), 물 10컵, 굵은소금 2¼컵
무 1kg, 물 5컵, 굵은 소금 7큰술
육수 3컵 : 양지머리 200g, 물 8컵
향채 : 파 20g, 마늘 10g
소 : 무 500g, 배 ⅓개, 미나리 25g, 갓 30g
쪽파 30g, 밤 2개, 굴 100g, 낙지 50g
소금 1¼작은술

양념 : 고춧가루 4큰술, 다진 마늘 2큰술
다진 생강 1큰술, 설탕 ½작은술, 소금 1큰술
새우젓 50g, 소금 ½작은술

재료 준비

1. 배추는 뿌리 밑동과 겉잎을 다듬고, 길이로 포기의 반만 칼집을 넣고 손으로 쪼개서, 15%의 소금량 중 ½량은 물에 녹여 배추를 절이고, 나머지 ½량은 배추의 줄기 사이에 켜켜이 뿌린다. 배추의 자른 단면이 위로 오게 하여 3시간 정도 절인 다음, 뒤집어서 3시간 정도 더 절인다. 절여진 배추는 물에 3~4회 정도 깨끗이 씻어, 채반에 건져 엎어서 1시간 정도 물기를 뺀다.
2. 무는 깨끗이 씻어서 길이로 반을 자르고, 껍질 쪽에 폭 4cm 정도의 간격으로 비스듬히 ⅔정도의 깊이로 칼집을 넣고 소금물에 3시간 정도 절인다. 절여진 무는 물에 씻어서 채반에 건져서 물기를 뺀다.
3. 육수용 쇠고기는 핏물을 닦고, 향채는 다듬어서 깨끗이 씻는다. 냄비에 쇠고기와 물을 붓고, 센불에 올려 끓으면 중불로 낮추어 30분 정도 끓이다가 향채를 넣고 약불로 낮추어 30분 정도 더 끓이고 체에 걸러 차게 식힌다.
4. 김치소용의 무와 배는 깨끗이 씻어서 껍질을 벗기고 길이 5cm 폭 • 두께 0.5cm 정도로 채 썬다. 미나리는 잎을 떼어내고 줄기를 깨끗이 씻어 길이 4cm 정도로 썰고, 갓과 쪽파는 다듬어서 깨끗이 씻고 길이 4cm 정도로 썬다. 밤은 껍질을 벗겨서 길이 3cm 폭 · 두께 0.2cm 정도로 채 썬다.
5. 굴은 소금물에 살살 씻어 체에 받치고, 낙지는 소금을 넣고 주물러서 물에 씻고 길이 4cm 정도로 썬다.
6. 양념용 새우젓은 건더기는 곱게 다지고, 나머지 양념재료를 한데 넣고 섞어서 김치양념을 만든다.

만드는 방법

1. 그릇에 김치소 재료와 낙지, 굴, 양념을 넣고 고루 섞어 김치소를 만든다.
2. 절인 배춧잎의 사이사이와 무의 칼집 사이에 김치소를 넣고, 항아리에 차곡차곡 담는다.
3. 김치를 버무린 그릇에 육수와 소금을 넣고 고루 섞어서 김칫국물을 만들고 항아리에 넉넉하게 부어서 꼭꼭 눌러 놓는다.

Tip

• 무는 어린 것이 좋으며, 큰 것은 길이로 4등분하여 칼집을 넣고 절여서 사용한다.

Story Telling

고수배추김치는 절인배추에 무와 채소, 고수, 젓갈, 고춧가루 등 갖은 양념을 넣고 버무려 발효시킨 음식이다. 배추김치는 가장 기본이 되는 반찬으로 같은 배추김치라도 지방에 따라 조금씩 다른데, 남쪽지방은 날씨가 따뜻하므로 배추를 푹 절여 양념을 많이 넣고 짭짤하고 맵게 담그며, 북쪽지방은 날씨가 추워 김치 맛이 쉽게 변하지 않으므로 양념을 적게 넣고 맛이 싱거우면서도 맵지 않게 담는다. 특히 개성의 배추김치는 무채와 고수를 넉넉히 소로 넣고 국물을 잘박하게 부어 담그는 것이 특징이다. 해마다 김장때가 되면 어머니는 우리들이 고수 냄새 때문에 코를 막고 김치를 먹는다 하여 우리들 김치는 고수를 넣지 않고 따로 조금씩 담그셨다. 그때 그렇게 싫던 고수가 지금은 왜 그리 맛이 좋은지, 나도 이제 부모님이 고수를 좋아하시던 나이가 되었나 보다.

66

고수배추김치

재료 및 분량

배추 2통(4kg), 물 20컵, 굵은소금 4⅓컵
무 ¾개, 고수 100g, 실파 200g, 갓 100g
양념 : 고춧가루 1컵, 새우젓 ¾컵, 설탕 1큰술
대파 100g, 다진 마늘 5큰술, 다진 생강 3큰술
국물 : 물 1컵, 소금 ¼작은술

재료 준비

1. 배추는 다듬어 길이로 포기의 반만 칼집을 넣어 손으로 쪼갠다. 굵은 소금의 ½량은 물에 녹여 배추를 절이고, 나머지 ½량은 배추의 줄기 사이에 켜켜이 뿌린 다음, 자른 단면이 위로 오게 하여 3시간 정도 절인 후에 뒤집어서 3시간 정도 더 절인다. 절여진 배추는 물에 3~4회 정도 깨끗이 씻은 다음, 채반에 건져 엎어서 물기를 뺀다.
2. 무는 다듬어서 깨끗이 씻고, 길이 5cm 폭 · 두께 0.3cm 정도로 채 썬다. 고수와 실파, 갓은 다듬어 씻고 길이 4cm 정도로 사른나.
3. 새우젓은 건더기는 곱게 다지고, 새우젓 국물에 고춧가루를 넣어 불린다. 파는 다듬어서 깨끗이 씻고 길이 4㎝ 정도로 채 썬다.

만드는 방법

1. 새우젓에 불려 놓은 고춧가루에 무채와 대파, 고수, 실파, 갓, 나머지 양념을 넣고, 가볍게 버무려 김치소를 만든다.
2. 배춧잎 사이사이에 버무려 놓은 김치소를 고루 펴 넣고, 양념이 흘러나오지 않도록 배추겉잎으로 돌려 감는다.
3. 항아리에 소를 넣은 배추김치를 7~8부 정도 차곡차곡 담은 다음, 절인 배추우거지로 김치 위를 덮는다.
4. 김치를 버무린 그릇에 물과 소금을 넣고 섞어서 김칫국물을 만들고, 항아리에 부은 다음에 꼭꼭 눌러서 보관한다. 겨울에는 20여 일 후에 먹을 수 있다.

Tip

- 배추김치는 4~5℃에서 숙성 발효시키는 것이 맛과 영양이 가장 좋다.
- 고수의 양은 기호에 따라 가감한다.

Story Telling

채김치는 무를 채 썰어 고수와 굴을 넣고 갖은 양념하여 담근 김치이다. 원래는 김장김치를 담고 남은 양념으로 김치가 익을 동안 먹는 김치였으나 개성지방에서는 무의 맛이 좋아 반찬이 없을 때는 가끔씩 담가 먹는 김치이다. 무채에 굴과 고수를 듬뿍 넣어 김치를 담그면 신선한 굴의 향과 독특한 고수향이 어우러져 어른들께서 좋아하시는 김치이다. 동네잔치가 있어서 돼지를 잡을 때면 남정네들이 장작불을 피우고 가마솥에 물을 붓고 돼지고기를 넣은 후에 잘 삶아소 두둑하게 썰어 편육을 만들고 접시에 채김치와 함께 소담하게 담겨져 올랐던 별미김치이다.

67

개성채김치

재료 및 분량

무 150g, 소금 ½작은술
배 ⅛개, 고수 50g, 쪽파 20g
굴 50g, 물 1½컵, 소금 ¼작은술
양념 : 고춧가루 1½큰술, 설탕 ½작은술
새우젓 20g, 다진 마늘 1작은술
다진 생강 ¼작은술

재료 준비

1. 무는 다듬어서 깨끗이 씻고 길이 5cm 폭 · 두께 0.4cm 정도로 채 썬다. 배는 껍질을 벗기고 무와 같은 크기로 채 썬다.
2. 고수와 쪽파는 다듬어서 깨끗이 씻고 길이 4cm 정도로 썬다.
3. 굴은 소금물에 살살 씻어 체에 밭쳐서 물기를 뺀다.
4. 양념을 만든다.

만드는 방법

1. 무와 배에 양념을 넣고 버무린다.
2. 버무린 무와 배에 고수와 쪽파, 굴을 넣고 고루 버무린다.
3. 항아리에 채김치를 꼭꼭 눌러 담는다.

Tip

- 가을무는 절이지 않고 바로 양념하여 채김치를 만들어 먹기도 한다.
- 무는 결대로 썰어야 아삭한 질감이 좋다.
- 여름무는 맛이 없으므로 채 썰어 소금에 절였다가 꼭 짜서 사용한다.

Story Telling

고려율고는 멥쌀가루에 황률가루와 밤을 삶아 넣고 만든 밤설기 떡이다. 고려시대에 수도가 송도 개성이었기 때문에 고려율고라 불리는 것이 아닌가 생각된다. 우리 집 뒷산에는 밤나무가 많아서 가을에는 식구모두 산에 올라 장대를 들고 밤을 따다가 밤나무 가시에 찔려서 많이 울기고 하였다. 어머니께서는 밤을 삶아도 주셨고 밤을 말려서 가루로 빻은 후에 한지 봉투에 담아 걸어놓고 밤죽도 쑤시고 떡도 만드셨다. 밤은 땅에 심으면 밤에서 싹이 나와 자랄 때까지 밤껍질이 어린나무 뿌리에 계속 붙어 있는데, 예부터 조상의 근본을 잊지 않는 나무라 하여 밤을 젯상(祭床)에 올렸으며, 자손을 의미하기도 하여 관혼상제에 빠지지 않고 올리는 중요한 과일이었다.

68

고려율고

재료 및 분량

멥쌀가루 3컵, 소금 1작은술
황률가루 40g, 밤 10개, 계핏가루 0.4g
설탕물 : 설탕 2큰술, 물 5큰술
고명 : 대추 1개

재료 준비

1. 멥쌀가루에 소금을 넣고 체에 내린다.
2. 황률가루에 설탕물을 넣고 고루 섞는다.
3. 밤은 씻는다.

만드는 방법

1. 찜기에 물을 붓고 센불에 올려 끓으면 밤을 넣고 15분 정도 찐 다음, 반으로 잘라 과육을 파내서 체에 내린다.
2. 멥쌀에 설탕물에 섞어 놓은 황률가루와 찐 밤 · 계핏가루를 함께 넣고 고루 비벼 섞어서 체에 내린다.
3. 찜기에 물을 붓고 센불에 올려 끓으면, 젖은 면보를 깔고 스테인리스 떡틀을 놓는다. 떡틀 안에 멥쌀가루를 넣어 위를 수평으로 편편하게 한 다음, 김이 오르면 15~20분 정도 찐다.

Tip

- 황률가루 등 분말가루가 들어가는 떡은 일반적인 설기떡에 비해 수분을 많이 넣어야 떡이 부드럽다.
- 황률가루는 설탕물을 부어 걸쭉하게 만들어 사용해야 쌀가루와 황률가루가 고루 섞이고, 질감이 부드럽다.
- 밤(생률)을 껍질을 벗겨서 설탕물에 조린 후에 고명으로 사용해도 좋다.

Story Telling

호박떡은 늙은 호박을 설탕물에 졸여 쌀가루와 섞어서 찐 구수한 떡이다. 예로부터 호박은 집집마다 울타리에 심어서 재배한 채소로 애호박에서부터 시작하여 호박잎, 호박꽃, 늙은 호박, 호박씨 등 뿌리를 제외한 모든 부분을 식용하였다. 찜, 구이, 쌈, 볶음, 죽, 떡 등 다양하게 이용하였다. 내 어린 날의 어머니께서는 늙은 호박을 길게 깎아 빨랫줄에 널어놓고 서리를 맞추고 얼리면서 말리시는 모습을 보았고, 호박씨를 긁어내어 소쿠리에 담고 물을 끼얹으며 호박씨를 문질러 깨끗이 씻어서 말려주시면 우리는 호박씨를 하나하나 맛있게 까먹었다. 늙은 호박은 방 윗목이나 마루 한 구석에 여러 개 쌓아 놓으시고 겨우내 구수하고 맛있는 호박요리를 해주셨다.

69

호박고지떡

재료 및 분량

멥쌀가루 3컵, 소금 1작은술, 물 3큰술
거피팥 100g, 소금 ½작은술, 설탕 2큰술
늙은 호박 200g

재료 준비

1. 멥쌀가루에 소금을 넣고 체에 내린 다음, 물을 붓고 고루 비벼서 다시 체에 내린다.
2. 거피팥은 물에 8시간 정도 불려, 문질러 씻어 껍질을 벗긴 다음, 깨끗이 씻어서 체에 밭쳐 10분 정도 물기를 뺀다.
3. 늙은 호박은 껍질을 벗기고 길이로 길게 썰어서 채반에 널어 말린다.

만드는 방법

1. 찜기에 물을 붓고 센불에 올려 끓으면, 젖은 면보를 깔고 거피팥을 넣은 다음, 40분 정도 찐다. 찐 거피팥에 소금을 넣고 찧어 체에 내린 다음, 설탕을 넣고 섞어서 거피팥고물을 만든다.
2. 말린 호박고지를 물에 축여서 살짝 불린다. 불린 호박고지를 2cm 길이로 잘라 쌀가루에 잘 섞는다.
3. 찜기에 물을 붓고 센불에 올려 끓으면, 젖은 면보를 깔고 스테인리스 떡틀을 놓는다. 떡틀 안에 거피팥 고물 ½량을 고루 펴서 놓고 멥쌀가루를 넣어 위를 평평하게 한 다음, 나머지 거피팥고물을 위에 얹고 고루 편다.
4. 찜기에 물을 넣고 센불에 올려 끓으면 젖은 면보를 깔고 스테인레스 떡틀을 놓는다. 떡틀 안에 쌀가루를 넣고 15분 정도 찐다.

Tip

- 호박의 양은 기호에 따라 가감하기도 한다.
- 생호박을 설탕물(물 ¼컵, 설탕 3큰술)에 조려서 사용하기도 한다.

Story Telling

대추개피떡은 멥쌀가루에 소금을 넣고 절편으로 찐 후에 얇게 밀어서 대추 살만 발라 곱게 다져 꿀을 넣고 반죽하여 소로 넣고 반달 모양으로 만든 떡이다. 대추가 들어가 색도 우아하지만 대추 천연의 달콤함이 있어 흰개피떡보다 별미이다.

개피떡은 소를 얇은 껍질로 싸서 만들었다고 하여 『조선요리』에는 '가피떡'이라 하였으며, '갑피병(甲皮餠)' 또는 '가피병(加皮餠)'이라고도 하는데, '갑피병'에서 '갑피떡'이 되고, 다시 '개피떡'으로 이름이 바뀐 것으로 추정한다. 또한 소를 넣고 접을 때 공기가 들어감으로써 불룩하게 만들었다고 하여 '바람떡'이라고도 하는데 혹시 바람을 피게 될까 봐서 결혼식 상차림에는 내지 않는다고 한다. 쑥을 넣은 쑥개피떡은 봄에 만들어 먹고 대추로 만든 대추개피떡은 가을에 만들어 먹는다.

70

대추개피떡

재료 및 분량

흰개피떡 : 멥쌀가루 1컵, 소금 1g, 물 2큰술

소 : 대추고 540g, 소금 ¼작은술, 계핏가루 0.2g

대추개피떡 : 멥쌀가루 1컵, 간장 1작은술, 대추고 30g

소 : 거피팥고물 80g, 소금 1g,

꿀 2작은술, 설탕 ½큰술, 계핏가루 0.1g

대추 50개(200g)

참기름 1작은술

재료 준비

1. 대추는 물에 깨끗이 씻어 냄비에 대추와 물을 붓고 센불에 올려 끓으면, 중불로 낮추어 40분 정도 삶은 다음, 체에 내려 대추고를 만들고, 씨와 껍질은 버린다.
2. 흰개피떡에는 소금과 물, 대추개피떡에는 간장과 대추를 각각 넣고 고루 섞어 비벼서 체에 내린다.
3. 대추고에 계핏가루를 넣고 잘 섞어 5g 정도씩 떼어 흰개피떡 소를 만든다.
4. 거피팥 고물에 소금, 꿀, 설탕, 계핏가루를 넣고 잘 섞어 5g 정도씩 떼어 대추개피떡 소를 만든다.

만드는 방법

1. 대추개피떡용은 멥쌀가루에 대추고를 넣고 고루 섞어서 체에 내린다.
2. 찜기에 물을 붓고 센불에 올려 끓으면 젖은 면보를 깔고 각각의 멥쌀가루를 넣은 다음, 15분 정도 쪄서 각각 치대어 대추개피떡과 희개피떡 반죽을 만든다.
3. 개피떡과 흰떡 반죽은 각각 두께 0.3㎝ 정도로 밀대로 밀어 펴서 각각의 소를 중앙에 놓고 떡자락으로 덮은 다음, 개피떡 틀로 눌러서 반달 모양으로 만든 후에 참기름을 고루 바른다.

Tip

- 떡반죽이 너무 되면 잘 붙지 않고 쉽게 벌어지므로, 수분 농도를 잘 맞추어야 한다.
- 소에 들어갈 대추고가 너무 질면 거피팥 고물을 넣는다.

Story Telling

찰수수부꾸미는 수수가루와 찹쌀가루를 익반죽하여 팥소를 넣고 반으로 접어서 고명을 얹은 다음, 기름에 지진 떡이다. 예전에 수수부꾸미는 별식중의 별식이었다. 특히 어른들께서 너무 좋아하셨는데, 어머니께서는 찰수수부꾸미를 지지는 대로 큰 채반에 나란히 올려놓으셨고 우리들은 어머니 옆에 앉았다가 채반에 부꾸미가 쌓일 시간도 없이 하나씩 집어다가 잘도 먹었다. 가끔은 아버님이 퇴근하셔서 집에 들어오실 때는 꼭 부꾸미를 사오셔서 할머니께만 드렸다. 찰부꾸미는 채반에 놓았다가 단단하게 굳어지면 할머니께서는 방에 있는 화로불에 부젓가락을 걸쳐 놓으시고 부꾸미를 한 줄로 나란히 놓고 구워서 조청을 발라 주셨다. 말랑한 부꾸미에 조청을 발라 먹는 맛이란 무엇과도 비교할 수 없이 맛이 있었다.

71

찰수수부꾸미

재료 및 분량

차수숫가루 1컵, 찹쌀가루 1컵
소금 ⅔작은술, 끓는 물 4큰술
붉은팥 20g, 데치는 물 1컵, 삶는 물 2컵
팥소 양념 : 소금 ⅛작은술, 설탕 ½작은술, 꿀 1작은술
고명 : 대추 2개, 잣 1작은술, 호박씨 1작은술
시럽 : 설탕 6큰술, 물 6큰술, 식용유 2큰술

재료 준비

1. 차수숫가루에 찹쌀가루와 소금을 넣고 고루 섞어 체에 내린다.
2. 붉은팥은 깨끗이 씻어 체에 밭쳐서 물기를 뺀다.
3. 대추는 면보로 닦고 살만 돌려 깎은 다음, 돌돌 말아서 폭 0.1cm 정도로 썰어서 꽃모양을 만든다.
4. 잣은 고깔을 떼고 면보로 닦아서 길이로 반을 잘라 비늘잣을 만들고 호박씨도 준비한다.

만드는 방법

1. 냄비에 붉은팥과 데치는 물을 붓고 센불에 올려 끓으면 팥물을 따라 버린다. 다시 냄비에 삶는 물을 붓고 센불에 25분 정도 삶다가 중불로 낮추어 25분 정도 더 삶는다.
2. 삶은 붉은팥은 방망이로 찧은 다음, 소 양념을 넣고 고루 섞어서, 5g 정도씩 떼어 길이 3cm 폭 · 두께 1.5cm 정도로 팥소를 만든다.
3. 냄비에 설탕과 물을 붓고 센불에 올려 끓여 식혀서 시럽을 만든다.
4. 섞어 놓은 떡가루에 끓는 물로 익반죽을 한 다음, 반죽을 떼어 직경 6~7cm 두께 0.5cm 정도로 둥글납작하게 빚는다.
5. 팬을 달구어 식용유를 두르고 부꾸미 반죽을 넣고, 숭불에서 앞번을 1분, 뒤집어서 약불로 낮추어 1분 정도 더 지진 다음, 가운데에 팥소를 넣고 반으로 접어 반달 모양으로 만든다.
6. 대추꽃과 호박씨, 비늘잣으로 장식하여 그릇에 담고 시럽을 뿌려 낸다.

Tip

- 차수숫가루와 찹쌀가루의 양은 기호에 따라 가감한다.
- 호박씨, 밤 · 대추 · 석이버섯, 튀긴 율무를 고명으로 사용하기도 한다.

Story Telling

인삼정과는 인삼에 꿀을 넣고 조린 한과이다. 개성지방은 토양과 기후가 인삼의 재배에 최적지이다. 개성의 우리집도 인삼밭이 있어서 인삼을 수확하셨는데 수삼으로도 먹고 남으면 말려서 백삼으로 만들어 쓰셨다. 인삼은 예부터 귀하게 여겼는데 사람이 아파서 위급해지면 최후의 치료수단으로 꼭 인삼을 처방하였고, 인삼으로도 치유되지 않으면 천명(天命)을 다하는 것으로 여겼다고 한다. 인삼은 『동의보감(東醫寶鑑)』에 체내의 오장(五臟)을 보호하며 또 기운이 약한 것, 기력이 미약한 것, 기가 허한 것 등을 치료한다고 했으며 정신을 안정시키고 오래 장복하면 몸이 가뿐하게 되어 수명이 길어지게 한다고 하였다.

72

인삼정과

재료 및 분량

인삼(수삼) 600g, 물 8컵, 소금 ½큰술
삶은 인삼 물 ½컵, 물엿 4컵, 꿀 1컵

재료 준비

1. 인삼은 뇌두를 자르지 않고 다듬어서 깨끗이 씻는다.

만드는 방법

1. 냄비에 물을 붓고 소금과 인삼을 넣어 센불에 올려 끓으면, 중불로 낮추어 5분 정도 끓인다.
2. 냄비에 인삼 삶은 물과 물엿을 넣고 약불에서 10분 정도씩 3시간 간격으로 6회 정도 반복하여 조린다.
3. 하루 2~3회씩 5일 정도 더 졸인다.
4. 꿀을 넣고 30분 정도 더 조린 다음 채반에 널고 가끔 앞·뒤로 뒤집으면서 이틀 정도 꾸덕꾸덕하게 건조 시킨다.

Tip

- 더덕과 함께 조리기도 한다.
- 인삼정과에 설탕을 묻혀 건정과를 만들기도 한다.
- 반복하여 끓일 때 엿물이 식은 다음에 끓이고, 불을 강하게 하지 않는다.

Story Telling

인삼식혜는 인삼식혜국물에 삭힌 밥알을 동동 띄워 만드는 고유의 음료이다. 특히 인삼식혜는 개성의 특산물인 인삼 삶은 물을 넣고 섞어서 끓인 음료이다. 예로부터 개성지방은 토양과 일조량이 적당하여 인삼재배에 최적의 지역으로 개성 원근 각지에 「고려인삼」이 유명하였다. 어머니께서는 인삼밭에서 캐온 큰 뿌리의 인삼은 백삼으로 말리거나 쪄서 홍삼으로 만들고, 잘고 뿌리부분은 삶아서 식혜를 만들어 주셨다.

인삼식혜는 달콤한 식혜의 맛에 쌉싸름한 인삼의 향이 더함으로써 주로 명절이나 겨울에 즐겨 마시는데, 기름진 음식을 잔뜩 먹고 나서 인삼식혜 한 그릇을 마시면 갈증을 해소되고 시원하게 소화가 된다.

73

인삼식혜

재료 및 분량

엿기름가루 3컵(330g), 미지근한 물(40℃) 20컵
멥쌀 3컵(밤 6공기)
인삼(미삼) 8뿌리(120g), 물 8컵
설탕 2½컵, 잣 1큰술

재료 준비

1. 엿기름가루에 미지근한 물을 붓고 30분 정도 불린다.
2. 불린 엿기름은 손으로 주물러서 체에 거른 다음, 건더기는 짜서 버리고 엿기름물은 가라앉힌다. 앙금이 가라앉으면 맑은 윗물만 따라 내어 엿기름물을 만든다.
3. 멥쌀은 깨끗이 씻어서 30분정도 불리고 체에 밭쳐서 물기를 뺀다.
4. 인삼은 깨끗이 씻어 뇌두를 자르고, 어슷하게 편으로 썬다.

만드는 방법

1. 냄비에 멥쌀과 물을 붓고, 센불에 올려 끓으면 4분 정도 끓이다가, 중불로 낮추어 3분 정도 더 끓인 다음, 쌀알이 퍼지면 약불로 낮추어 10분 정도 뜸을 들여 밥을 짓는다.
2. 보온밥솥(60~65℃)에 밥과 엿기름물 및 설탕을 넣고, 4시간 정도 보온을 한다.
3. 냄비에 인삼과 물을 붓고 센불에 올려 끓으면 약불로 낮추어서 1시간 정도 끓이고 체에 거른다.
4. 밥알이 7~8개 정도 떠오르면, 밥알을 건져서 단물이 빠지도록 물에 헹구어 건지고, 식혜물은 받아 둔다.
5. 냄비에 식혜물과 인삼 끓인 물을 붓고 센불에 올려 5분 정도 끓이고 떠오르는 거품은 걷어 낸다.
6. 끓인 식혜물은 식혀서 그릇에 담고, 헹궈놓은 밥알과 잣을 띄운다.

Tip

- 인삼양은 기호에 따라 가감한다.
- 엿기름 가루를 체 대신에 샤주머니에 넣어 물에 불려 사용하기도 한다.

秋

Story Telling

대추수정과는 대추와 계피, 생강을 따로 따로 끓여 함께 넣고 다시 끓여서 만든 음료이다. 수정과(水正果)는 본래 '물에 담근 과자'라고 하여 붙여진 이름으로, 이때의 물이란 생강과 계피를 끓인 뒤에 꿀을 타서 식힌 물을 말한다. 지금은 간편하게 하기 위하여 곶감 속에 호두를 넣고 돌돌말아 곶감쌈을 만들어 썰어 띄우지만 예전에는 수정과에 곶감쌈을 넣지 않고 곶감을 통으로 넣었다. 수정과는 바로 먹는 것보다 날자가 지날수록 곶감이 불어서 국물이 진하고 달콤하다. 추운 겨울날 살얼음이 동동 뜬 수정과 국물에 부드럽게 불은 곶감을 같이 으깨어 먹으면 살얼음 씹히는 맛이 별미였다.

74

대추수정과

재료 및 분량

대추 50개, 물 10컵
생강 150g, 물 10컵
통계피 60g, 물 5컵
황설탕 ½컵, 설탕 1컵
곶감 5개, 호두 10개
잣 ½ 큰술

재료 준비

1. 대추는 면보로 닦고 생강은 다듬어 씻어 편으로 썬다.
2. 통계피는 2등분 하여 깨끗이 씻는다.
3. 호두는 따뜻한 물에 불려 속껍질을 벗긴다. 곶감은 꼭지를 떼고 한 쪽에 칼집을 넣어 넓게 편 다음 씨를 뺀다.
4. 곶감 가운데에 호두를 놓고 돌돌 말아 김발로 꼭 싸서 곶감쌈을 만들고 폭 1cm 정도로 자른다.
5. 잣은 고깔을 떼고 면보로 닦는다.

만드는 방법

1. 냄비에 대추와 물을 붓고 센불에 올려 끓으면 중불로 낮추어 1시간 정도 끓여서 체에 내린다.
2. 냄비에 생강과 물을 붓고 센불에 올려 끓으면 중불로 낮추어 30분 정도 끓인 다음에 면보로 거른다.
3. 냄비에 통계피와 물을 붓고 센불에 올려 끓으면 중불로 낮추어 30분 정도 끓인 다음에 면보로 거른다.
3. 냄비에 대추즙, 생강물, 계피 물을 붓고 황설탕과 설탕을 넣고는 센불에 올려 끓으면 중불로 낮추어 10분 정도 끓인 다음, 식혀서 곶감쌈과 잣을 띄운다.

Tip

- 생강과 통계피를 같이 끓이기도 하지만 각각 끓여 걸러서 혼합해야 각각의 향과 맛을 느낄 수 있다.
- 대추를 띄워 내기도 한다.
- 설탕양은 기호에 맞게 가감한다.
- 곶감을 통으로 수정과에 넣어 하룻밤 두었다가 먹기도 한다.

개성폐백(시아버님)

겨울 冬

Story Telling

고사리죽은 고사리와 쇠고기를 넣고 된장으로 간을 해서 끓인 죽이다. 옛말에 '이산 저산 높다 해도 보리고개 넘기가 그 중 힘들더라'라는 말이 있듯이 아무리 먹거리가 풍부한 개성이지만 보릿고개는 피할 수 없었다. 지금은 쇠고기를 넣지만 옛날에는 봄에 나는 연한 고사리를 뜯어다가 조갯살을 넣고 끓이기도 하였다. 봄에 나는 연한 고사리는 쇠고기처럼 쫄깃하고 연하여 쇠고기 넣은 것과 같은 맛을 내준다. 속설에 고사리는 남자의 양기를 없애는 소양제(消陽劑)라 하여 남자들은 먹기를 기피하는데, 이는 '시앗 시샘에 고사리죽' 이라는 말이 있어 시앗을 본 남편이 하도 미워 남편의 양기를 죽이려고 매일 고사리죽을 쑤어 먹였다는 데서 비롯한 이야기라 한다.

75

고사리죽

재료 및 분량

멥쌀 $\frac{3}{4}$컵
불린 고사리 80g, 쇠고기(우둔) 50g
양념장 : 간장 $\frac{1}{2}$작은술, 다진파 $\frac{1}{2}$작은술
다진마늘 $\frac{1}{4}$작은술, 참기름 $\frac{1}{2}$작은술
물 $7\frac{1}{2}$컵, 참기름 $\frac{1}{2}$작은술
된장 $\frac{1}{2}$큰술, 소금 $\frac{2}{3}$작은술

재료 준비

1. 멥쌀은 깨끗이 씻어 일어서 물에 2시간 정도 불리고 체에 밭쳐서 10분 정도 물기를 뺀다.
2. 불린 고사리는 질긴 부분은 잘라 내고 깨끗이 씻어서, 길이 3cm 정도로 자른 후 양념장의 $\frac{1}{2}$량을 넣고 양념한다.
3. 쇠고기는 면보로 핏물을 닦고, 길이 4cm 폭 · 두께 0.2cm 정도로 채 썰어 나머지 양념장을 넣고 양념한다.

만드는 방법

1. 냄비를 달구어 참기름을 두르고 양념한 쇠고기와 고사리를 넣고 중불에서 2분 정도 볶다가 불린 멥쌀과 물을 붓고 센 불에 올려서 끓인다.
2. 죽이 끓으면 중불로 낮추어 뚜껑을 덮고, 가끔 저으면서 20분 정도 끓이다가, 약불로 낮추어 된장을 넣고 20분 정도 더 끓인다.
3. 죽이 어우러지면 소금으로 간을 맞추고, 2분 정도 더 끓인다.

Tip

- 충분히 불려 지지 않은 고사리는 다시 삶아서 사용하기도 한다.
- 죽은 뜨거우므로 공접시에 덜어 먹는다.
- 죽상에는 북어보푸라기, 장산적, 물김치 등을 곁들인다.

Story Telling

팥죽(赤豆粥)은 팥을 푹 삶아 체에 내린 팥국물에 쌀과 새알심을 넣고 끓인 음식이다. 보통 팥죽은 일년 중 밤의 길이가 가장 긴 동지(冬至) 날 먹는데, 궁중에서는 여름철 뜨거운 복날에도 잔병을 없애고 액(厄)을 면하기 위해 붉은 팥죽을 즐겨 먹었다. 팥은 붉은 색으로 양(陽)의 색이라 잔병과 악귀를 물리치는 식품으로 알려져 있어서 민간요법에서 약으로도 이용되었는데 음식을 먹고 체해서 내려가지 않을 때 팥을 갈아서 마시거나 삶아서 그 물을 마시면 체기가 가신다고 하였다. 예전에는 식구가 보통 10여 명 이상이니 팥죽을 끓여도 가마솥에 가득 끓여서 한 대접씩 나누어 먹었다. 동지 때에 끓인 팥죽이 사르르 얼어서 되직하게 된 것을 먹을 때는 입안에서 살얼음이 살살 녹으면서 먹는 그 느낌, 지금도 상상도 못할 것 같다.

76

팥죽

재료 및 분량

멥쌀 $\frac{1}{2}$컵

붉은팥 1$\frac{1}{3}$컵, 데치는 물 4컵, 삶는 물 12컵

소금 1작은술

새알심 : 찹쌀가루 1컵, 소금 $\frac{1}{8}$작은술
 끓는 물 1$\frac{1}{2}$큰술

재료 준비

1. 멥쌀은 깨끗이 씻어 일어서 물에 2시간 정도 불린 후 체에 밭쳐서 10분 정도 물기를 뺀다.
2. 붉은팥은 깨끗이 씻어 일어서 체에 밭쳐 물기를 뺀다.

만드는 방법

1. 냄비에 붉은팥과 데치는 물을 붓고, 센불에 올려 끓으면 팥물을 따라 버린다. 다시 냄비에 삶는 물을 붓고, 센불에 올려 끓으면 중불로 낮추어 팥이 무르도록 1시간 20분 정도 푹 삶는다.
2. 삶은 붉은팥은 뜨거울 때 체에 넣고 나무주걱으로 으깨어 내린 다음, 앙금을 가라앉힌다.
3. 찹쌀가루에 소금을 넣고 끓는 물로 익반죽 한 다음 직경 1.5cm 정도의 새알심을 동그랗게 만든다.
4. 냄비에 불린 멥쌀과 팥앙금 웃물 4컵을 붓고, 센불에 올려 끓으면, 중불로 낮추어 가끔 저으면서 20분 정도 끓인다.
5. 쌀알이 퍼지면 가라앉힌 팥앙금을 넣고 10분 정도 더 끓인 다음, 새알심을 넣고 고루 젓는다.
6. 새알심이 익어서 떠오르면, 소금으로 간을 맞추고 2분 정도 더 끓인다.

Tip

- 새알심 대신 인절미를 작게 썰어 넣기도 한다.
- 동치미와 함께 먹으면 좋다.
- 새알심은 따로 삶아 넣기도 한다.

Story Telling

개성의 장국밥은 시금치, 콩나물, 숙주, 고사리 등의 각종 나물을 양념하여 쇠고기와 무를 넣고 끓인 육수를 부어 끓이는 것이 특징으로 개성탕반으로도 유명하다. 장국밥은 원래 집에서 만들어 먹기보다는 5일장이 서는 날 장터에서 사먹었던 음식으로, 예로부터 장국밥은 서민을 대표하는 음식 중 하나이다. 우리나라 반상차림은 밥과 여러 가지 반찬이 함께 차려지는 게 기본이지만 장국밥의 경우에는 큼직하게 썰어 담은 석박지와 송송 썬 파가 전부이다. 추운 겨울철 꽁꽁 얼어붙은 나그네의 마음까지 따뜻하게 녹여 주던 든든한 음식이 바로 개성장국밥이다.

77

개성장국밥

재료 및 분량

멥쌀 1컵, 보리쌀 ½컵, 물 2컵

육수 : 사골 1kg, 튀하는 물 10컵, 무 100g

쇠고기 사태 400g, 물 15ℓ

향채 : 파 30g, 마늘 65g, 양파 ⅓개

콩나물 50g, 시금치 50g, 데치는 물 2컵

소금 ¼작은술

불린 고사리 40g

양념장① : 청장 ½큰술, 다진파 ½큰술

다진마늘 1작은술, 참기름 ½큰술

깨소금 1작은술, 두부 80g, 황태포 30g

식용유 ½큰술

양념장② : 청장 ½작은술, 다진파 1작은술, 다진마늘 ½작은술

깨소금 ½작은술, 참기름 1작은술, 소금 ½작은술

후춧가루 ⅛작은술

재료 준비

1. 멥쌀은 깨끗이 씻어 일어 물에 30분 정도 불리고, 체에 밭쳐 물기를 뺀다. 보리쌀은 깨끗이 씻어 일어 물에 1시간 정도 불린 후에 체에 밭쳐 물기를 뺀다.
2. 사골은 물에 담가 1시간마다 물을 갈아 주면서 3번 정도 핏물을 빼고, 쇠고기는 면보로 핏물을 닦는다. 향채는 다듬어 깨끗이 씻는다.
3. 냄비에 튀하는 물을 붓고 센불에 올려 끓으면 사골을 넣고 5분 정도 튀한다. 냄비에 사골과 물을 붓고 센불에 올려 끓으면 중불로 낮추어 떠오르는 거품을 걷어 가며 4시간 정도 끓이다가 쇠고기와 무를 넣고 1시간 정도 끓여서 무는 건져 내고 향채를 넣고 40분 정도 더 끓인다. 쇠고기는 건져 식혀서 무와 함께 가로 2.5cm 세로 3cm 폭 · 두께 0.3cm정도로 썰고, 육수는 식혀서 체에 걸러 기름을 걷어낸다.
4. 콩나물과 숙주는 꼬리를 떼고. 시금치는 다듬어서 깨끗이 씻는다. 고사리는 질긴 부분을 다듬어 깨끗이 씻고 길이 5cm 정도로 썬다. 두부는 가로 2.5cm 세로 3cm 폭 · 두께 0.5cm 정도로 썰어 물기를 닦는다.
5. 북어포는 젖은 면보에 싸서 30분 정도 두었다가 물기를 짜고 가로 3cm 세로 2.5cm 폭 · 두께 0.5cm 정도로 썰어 양념장②를 넣고 양념한다.

만드는 방법

1. 냄비에 멥쌀과 보리쌀 · 물을 붓고 센불에 올려 끓으면 4분 정도 끓이다가 중불로 낮추어 3분 정도 끓이고, 쌀알이 퍼지면 약불로 낮추어 10분 정도 뜸을 들인다.
2. 냄비에 물을 붓고 센불에 올려 끓으면 소금을 넣고 콩나물과 시금치를 각각 넣고 2분 정도씩 데쳐 건져서 시금치는 물에 헹구어 물기를 짠다.
3. 삶은 쇠고기와 무에 양념장①의 ½량을 넣고 양념하고, 콩나물과 시금치, 고사리에도 나머지 양념장①의 ½량을 각각 나누어 넣고 양념한다.
4. 팬을 달구어 식용유를 두르고 두부를 놓고 중불에서 앞 · 뒤로 지지고, 북어도 뒤집어 가며 지진다. 고사리는 살짝 볶는다.
5. 냄비에 육수를 붓고 센불에 올려 끓으면 소금과 후춧가루로 간을 맞추고 2분 정도 더 끓인다.
6. 그릇에 밥을 담고 준비한 재료를 넣고 뜨거운 장국을 붓는다.

Tip

• 대량의 사골, 우족, 도가니, 꼬리 등으로 탕을 끓일 때는 보통 8시간 이상 끓여야 맛이 좋다.

Story Telling

김치굴밥은 익은 김치를 송송 썰어 넣고 굴과 함께 지은 밥이다. 개성의 김치밥은 굴을 듬뿍 넣고 짓는 것이 특징으로, 생굴을 좋아하는 경우에는 김치만 넣고 밥을 지은 다음, 생굴을 양념하여 넣고 비벼먹기도 하며, 밥을 지을 때 돼지고기 목살을 함께 넣고 밥을 짓기도 한다. 대개 농가에서 겨울은 농한기였기에 식구들은 겨울밤 모여 앉아 할머니와 할아버지의 구수한 옛날이야기를 듣다가 야참을 먹곤 했다.

돼지고기 약간을 얄팍하게 썰어 냄비에 넣고 빛이 변할 때까지 볶다가 김치와 쌀을 넣고 밥을 지어 양념장을 만들어 비벼 먹으면 더없이 훌륭한 특별식이 되었다. 저녁의 주식으로 김치밥을 할 경우, 가마솥에 김치와 쌀을 넣고 장작불을 비벼 가며 밥을 짓다가 밥이 뜸들 때에 굴을 넣고 고슬고슬하게 잘 지은 밥에 양념장을 넣고 맛있게 비벼 먹었고, 김치밥 누룽지를 놋주걱으로 긁어서 맛있는 후식으로 먹었다.

78

김치굴밥

재료 및 분량

멥쌀 1½컵, 물 2컵,
배추김치 50g, 굴 150g
양념장 : 간장 3큰술, 고춧가루 ½작은술
다진 파 1큰술, 다진 마늘 1작은술
다진 생강 ½작은술, 깨소금 1큰술
고춧가루 ⅛작은술, 참기름 2작은술

재료 준비

1. 멥쌀은 깨끗이 씻어 일어서 물에 30분 정도 불린 다음, 체에 밭쳐서 물기를 뺀다.
2. 굴은 소금물에 살살 흔들어 씻은 다음, 체에 밭쳐 물기를 뺀다.
3. 배추김치는 속을 털어 내고, 폭 1cm 정도로 썬다.

만드는 방법

1. 냄비에 배추김치를 넣고 김치 위에 멥쌀과 물을 붓는다.
2. 센불에 올려 끓으면 5분 정도 더 끓이고, 주걱으로 위 · 아래를 고루 섞는다.
3. 중불로 낮추어 6분 정도 끓이다가 쌀알이 퍼지면 굴을 넣고 약불로 낮추어서 10분 정도 뜸을 들인다.
4. 밥을 주걱으로 고루 섞은 다음, 그릇에 담아 양념장과 함께 낸다.

Story Telling

차례비빔밥은 차례상(제사상)에 올라가는 갖은 나물과 전 등을 넣고 비벼 먹는 밥으로 상에 올랐던 나물을 넣고 비볐기 때문에 차례비빔밥이라고 한다. 차례상(제사상)에 올렸던 음식을 넣고 무국이나 토란국을 곁들여 먹는다. 개성에서는 차례(제사)를 마치고나면 큰 양푼에 밥과 차례상에 올렸던 나물 등 모든 재료를 넣고, 고추장 대신 고춧가루를 넣고 다시마나 튀각을 부셔서 비빔밥 위에 올리고 비벼서 나누어 먹는 것이 특징이다.

차례 비빔밥은 명절 아침에 차례를 드리고 난 다음에 밝을 때 먹고, 제사비빔밥은 밤 12시가 되어야 돌아가신 분의 혼이 오신다고 하여 12시에 제사를 드리고 먹는다. 어렸을 때도 제삿날만 되면 우리들은 제사비빔밥을 먹기 위해 늦게까지 기다렸다가 먹고 자곤 했다.

79

차례(제사)비빔밥

재료 및 분량

콩나물 100g

콩나물양념 : 소금 ⅛작은술, 참기름 ½작은술
깨소금 ½작은술

무 100g, 소금 ¼작은술

쇠고기(산적용) 120g

쇠고기양념 : 간장 1큰술, 설탕 ½큰술, 다진파 2작은술
다진마늘 1작은술, 깨소금 1작은술, 후춧가루 ⅛작은술
참기름 1작은술

삼겹살 150g, 물 4컵

향채 : 파 15g, 마늘 10g, 생강 3g, 통후추 ⅛작은술
소금 1작은술

삼겹살전: 소금 ¼작은술, 밀가루 4큰술, 달걀 ½개, 물 2큰술

생선전 : 동태살 150g, 소금 0.5g, 흰후춧가루 ⅛작은술
밀가루 4큰술, 달걀 ½개

다시마 2g, 식용유 ⅓컵, 고운고춧가루 1큰술

도라지 100g, 소금 ½작은술

도라지양념 : 소금 ½작은술, 깨소금 ½작은술

오이 100g, 소금¼작은술, 참기름 ½작은술

불린 고사리 100g

고사리양념 : 간장 1큰술, 설탕 ¼큰술, 다진파 1작은술
다진마늘 ½작은술, 깨소금 ½작은술, 후춧가루 0.2g
참기름 ½작은술, 콩나물 100g

멥쌀 2½컵(450g), 물3컵(600g), 도라지 100g

재료 준비

1. 멥쌀은 깨끗이 씻어 일어서 30분 정도 불린 다음, 체에 밭쳐서 물기를 뺀다.
2. 도라지는 5cm 길이로 채썰어 소금물에 담갔다가 주물러서 물에 헹구어 꼭 짠다.
3. 오이는 0.3cm 두께로 둥글게 썰어 소금에 절였다가 꼭 짠다.
4. 고사리는 손질하여 깨끗이 씻어 5cm 길이로 잘라서 양념장을 넣고 양념한다.
5. 콩나물을 꼬리를 떼고 깨끗이 씻는다.
6. 무는 5cm 길이로 채썰어 소금에 살짝 절인다.
7. 쇠고기는 핏물을 닦고 0.5cm 두께로 포를 떠서 칼집을 넣고 양념장을 넣은 후에 양념한다.
8. 동태살은 가로 5cm · 세로 4cm · 두께 0.5cm 정도로 포를 떠서 소금과 후추를 뿌리고 다시마는 젖은 면보로 닦는다.

만드는 방법

1. 밥을 고슬고슬하게 지어놓는다.
2. 도라지와 오이, 고사리, 무는 팬을 달구어 각각 볶고, 콩나물은 삶아 양념한다.
3. 삼겹살은 냄비에 물을 붓고 센불에 올려 끓으면 삼겹살을 넣고 중불로 낮추어 20분 정도 삶다가 향채를 넣고 20분 정도 더 삶아서 식으면 0.2cm 누께로 썰어 소금과 후추를 뿌리고 밀가루를 입힌 다음 달걀물을 씌워서 달구어진 팬에 식용유를 두르고 부친 후 1cm 폭으로 썬다.
4. 쇠고기산적은 달구어진 팬에 지져서 길이 5cm 폭 1cm 정도로 썬다.
5. 동태에 밀가루를 묻히고 계란을 씌운 다음, 달구어진 팬에 식용유를 두르고 지져 1cm 폭으로 썬다.
6. 팬에 식용유를 넣고 170℃가 되면 다시마를 넣고 튀겨서 1cm 정도의 크기로 부순다.
7. 밥 위에 위의 모든 재료를 돌려 담고 고춧가루를 넣고 비빈다.

Tip

• 간이 싱거울 경우, 양념장이나 고추장을 넣고 비빈다.

Story Telling

냉면(冷麵)은 삶은 메밀국수에 무김치, 오이절임, 배, 편육 등의 고명을 얹고 시원한 동치미 국물이나 육수에 말아먹는 음식이다. 요즈음엔 주로 더운 여름철에 물냉면은 차갑게 해서 시원하게 먹지만 원래는 추운 겨울철에 먹는 겨울음식이다. 추운 겨울 살얼음이 동동 뜬 국물에 냉면을 말아 먹으면서 이를 덜덜 떨며 너무 추워서 이불을 뒤집어쓰고 먹었다. 질긴 비빔냉면과는 달리, 물냉면은 메밀에 전분을 조금 넣고 면을 만들어 면발이 굵고, 쉽게 끊기며 국물이 시원하고 새콤달콤하여 감칠맛이 나는 것이 특징이다.

80

개성물냉면

재료 및 분량

냉면국수(마른것) 360g
쇠고기(양지머리) 150g, 물 5컵
동치미 국물 2½컵
동치미 무 50g
오이 ¼개, 소금 ¼작은술
달걀 2개, 삶는물 5컵, 소금 1작은술

향채 : 파 10g, 마늘 10g
양념장 : 청장 ½큰술, 소금 ½작은술
설탕 2큰술, 식초 2큰술, 발효겨자 ½큰술

재료 준비

1. 쇠고기는 핏물을 닦고, 향채는 다듬어서 깨끗이 씻는다.
2. 냄비에 쇠고기와 물을 붓고, 센불에 올려 끓으면 중불로 낮추어서 30분 정도 끓이다가, 향채를 넣고 약불로 낮추어 30분 정도 더 끓인다.
3. 쇠고기는 건져서 가로 4cm · 세로 2cm · 두께 0.2cm 정도로 썰고, 국물은 식혀서 면보에 걸러서 동치미 국물과 섞고 냉면양념장을 넣어서 냉면국물을 만든다.
4. 동치미 무는 굵게 채 썬다. 오이는 소금으로 비벼서 깨끗이 씻고 길이로 2등분하여 두께 0.2㎝ 정도로 어슷 썰고, 소금에 20분 정도 절인다.

만드는 방법

1. 냄비에 달걀과 물을 붓고 센불에 올려 끓으면, 중불로 낮추어서 12분 정도 삶은 다음, 물에 담갔다가 껍질을 벗기고 길이로 2등분한다.
2. 냄비에 물을 붓고, 센불에 올려 끓으면, 냉면국수를 넣고 2분 정도 삶은 다음, 물에 비벼 씻어 건져서 사리를 만들고, 채반에 올려 물기를 뺀다.
3. 그릇에 면을 담고, 준비한 편육과 동치미 무 · 오이 · 달걀을 얹고, 냉면국물을 붓는다.

Tip

- 돼지고기 편육이나 닭고기를 삶아서 얹기도 한다.
- 동치미 무를 채 썰어 올리기도 한다.

Story Telling

김치말이국수는 쇠고기 육수에 잘 익은 김치와 김치 국물을 섞고 국수를 넣어 만든 음식이다. 개성지방은 김치의 간을 슴슴하게 하고 국물을 넉넉히 부어 담는 것이 특징으로 요즘에는 여름에 즐겨 먹는 음식이지만 개성에서는 겨울밤 출출할 때 살얼음이 살짝 낀 김치 국물에 면을 넣고 말아 먹는 음식이다. 개성에서는 김치 항아리에 늘 김치 국물이 넉넉했다. 김치를 담을 때 국물을 넉넉히 붓기 때문에 김치 국물을 한 바가지 퍼서 우물물을 넣고 섞어 간을 맞추면 맛있는 국수 국물이 된다. 잘 익은 배추김치를 송송 썰어 아삭하게 씹히는 맛이 좋으며 시원한 김치 국물에 부드러운 밀국수를 넣어 먹으면 별미 중에 별미 음식이다.

81

김치말이국수

재료 및 분량

쇠고기(양지) 300g, 물 7컵
향채 : 파 20g, 마늘 10g
배추김치 120g, 참기름 ½작은술 , 오이 70g
김치 국물 100g
국수 300g, 삶는 물 10컵

양념 : 소금 1큰술, 설탕 1½큰술
다진마늘 2작은술, 참기름 2작은술
통깨 1작은술, 식초 2큰술
달걀 2개
육수 5컵, 소금 1작은술

재료 준비

1. 쇠고기는 핏물을 닦고, 향채는 다듬어 깨끗이 씻는다.
2. 냄비에 쇠고기와 물을 붓고, 센불에 올려 끓으면 중불로 낮추어 30분 정도 끓이다가 향채를 넣고 30분 정도 더 끓인다. 국물이 식으면 면보에 걸러서 육수를 만든다.
3. 배추김치는 속을 털어내고 길이로 반을 잘라 폭 1cm 정도로 썰어서 ¼량은 참기름을 넣고 무친다.
4. 오이는 소금으로 깨긋이 비벼 씻어 길이 5cm 폭 0.3cm 정도로 어슷 썰고 다시 두께 0.3cm 정도로 채 썰어 물에 담가 둔다.

만드는 방법

1. 냄비에 달걀과 물, 소금을 넣고 센불에 올려 끓으면 중불로 낮추어 12분 정도 삶는다. 삶은 달걀은 찬물에 담갔다가 건져서 껍질을 벗기고 길이로 2등분한다.
2. 육수에 김치국물과 양념을 넣고 국수국물을 만든다.
3. 냄비에 물을 붓고 센불에 올려 끓으면 국수를 넣고 1분 정도 삶다가 끓어오르면 ½컵의 물을 붓고 다시 1분 동안 두었다가 다시 끓어오르면 ½컵을 더 붓고 30초 정도 더 끓여서 물에 헹구고 사리를 만들어서 채반에 올려서 물기를 뺀다.
4. 그릇에 국수를 담고 국수국물을 붓고 김치와 달걀 및 오이를 얹는다.

Tip

- 쇠고기 육수 대신에 동치미 국물을 사용하기도 한다.
- 김치의 신맛에 따라 식초를 가감하기도 한다.
- 잘 익은 김치를 사용해야 맛이 좋다.

Story Telling

조랭이떡국은 흰떡을 처서 가늘게 밀어 대나무 칼로 누에고치 모양으로 잘라 쇠고기 장국에 넣고 끓인 개성을 대표하는 음식이다. 개성에서는 섣달 그믐날 일찍 자면 몽달귀신이 신발을 가져간다고 하여 늘 해가 지기 전에 방에다 신발을 들여다 놓았고, 눈썹이 하얗게 된다고 어른들께서 잠을 못 자게 하시며 큰 두레반상에 온 식구가 둘러앉아 밤늦게까지 조랭이 떡이 한 소쿠리가 될 때까지 만들었다. 일찍 자는 날이면 아침에 깨어 보면 영락없이 눈썹이 하얗게 되었다. 어미니께서 눈썹에 밀가루 반죽을 바르셨기 때문이다. 지금 생각하니 일손이 부족하여 일찍 자지 말고 하나라도 더 만들기 위함이었다.

조랭이떡은 조롱박 모양으로 액막이의 의미가 있으며, 누에고치 모양으로 한해가 길(吉)함을 바라는 마음이 담겼으며, 또한 개성사람들이 고려를 멸망시킨 이성계에 대한 울분을 풀기 위해 가래떡 끝을 하나씩 비틀어 잘라 내어 만들었다고 전해온다.

82

조랭이떡국

재료 및 분량

멥쌀가루 5컵, 소금 ½큰술, 물 150g~180g

육수 : 쇠고기(사태) 300g, 물 11컵

향채 : 파 20g, 마늘 10g

양념장 : 청장 ½작은술, 다진파 ¼작은술
 다진마늘 ¼작은술, 후춧가루 0.1g, 참기름1작은술

청장 1작은술, 소금 1작은술

달걀 1개, 실고추 0.2g

재료 준비

1. 멥쌀가루에 소금을 넣고 체에 내린 다음, 물을 넣고 고루 섞는다.
2. 쇠고기는 핏물을 닦고, 향채는 다듬어서 깨끗이 씻는다.
3. 냄비에 쇠고기와 물을 붓고 센불에 올려 끓으면, 중불로 낮추어 30분 정도 끓이다가 향채를 넣어 20분 정도 더 끓여 육수가 6컵 되게 만든다. 쇠고기는 건져서 길이 5㎝ 폭 · 두께 0.5㎝ 정도로 찢어서 양념장으로 양념하고, 국물은 식혀서 면보에 걸러 육수를 만든다.
4. 달걀은 황백지단을 부쳐 2cm 정도의 마름모꼴로 썰고, 실고추는 길이 2cm 정도로 자른다.

만드는 방법

1. 찜기에 물을 붓고 센불에 9분 정도 올려 끓으면, 젖은 면보를 깔고 멥쌀가루를 넣어 15분 정도 찐다. 찐 떡이 뜨거울 때 꺼내어 스테인리스 볼에 담고, 많이 치댄 다음 굵기 1.5cm 정도로 늘여서 가래떡을 만든다.
2. 도마 위에 빚은 가래떡을 놓고 대나무 칼로 누에고치 모양으로 잘라서 조랭이떡을 만든다.
3. 냄비에 육수를 6컵 붓고 센불에 올려 끓으면, 조랭이떡을 넣고, 끓여 떡이 익어서 떠오르면 청장과 소금으로 간을 하고 2분 정도 더 끓인다.
4. 그릇에 담고 쇠고기와 황백지단 · 실고추를 고명으로 얹는다.

Tip

- 떡국에 얹는 고명은 쇠고기 산적을 작게 만들어 올리기도 한다.
- 황백지단은 채를 썰어 고명으로 올리기도 한다.
- 조랭이떡은 시중에 판매되는 것을 이용하기도 한다.
- 조랭이떡은 만들어 굳은 다음 육수에 넣고 끓여야 풀어지지 않고 쫄깃거려 맛있다.

Story Telling

만둣국은 쇠고기와 돼지고기 등의 육류와 두부, 김치, 숙주 등 갖은 재료를 다져 넣고 양념하여 소를 만든 다음 만두피로 싸서 만두 빚은 다음, 육수에 넣고 끓인 음식이다. 개성에서는 만두를 빚을 때 만두소에 쇠고기·돼지고기 외에 닭고기가 꼭 들어갔다. 그 중에서도 닭의 목을 다져 넣은 것이 개성만의 특징이다. 특히 만두는 개성의 만두가 유명한데, 개성지방에서는 섣달그믐이 되면 온 가족이 두레반상에 둘러 앉아 만두를 가득 빚어서 채반에 담아 밖에 내다놓으면 날이 추워 만두가 꽁꽁 언다. 만두를 얼려 두었다가 정월 한달 내내 끓여 먹었다. 개성지방뿐만 아니라 북쪽지방에서는 설날에는 복(福)을 싸서 먹는다는 의미로 떡국보다는 주로 만둣국으로 끓여 먹었다.

83

만둣국

재료 및 분량

육수 : 쇠고기(사태) 300g, 물 11컵
향채 : 파 40g, 마늘 20g
만두소 : 다진 쇠고기 80g, 다진 돼지고기 50g
다진 닭고기 30g, 배추김치 160g, 숙주 200g
두부 1/3모, 청장 1/2큰술, 소금 1작은술
만두피 반죽 : 밀가루 1 1/2컵, 소금 1/2작은술, 물 4~5큰술
텃가루 밀가루 1/2큰술

만두소양념 : 소금 1작은술, 다진 파 2작은술
다진 마늘 1작은술, 깨소금 1큰술
후춧가루 1/8작은술, 참기름 1큰술
양념장 : 청장 2 1/2큰술, 굵은 고춧가루 1작은술, 다진 파 1큰술
다진 마늘 1/2큰술, 깨소금 1작은술, 참기름 1/2큰술
달걀 1개, 미나리 15g, 식용유 1큰술

재료 준비

1. 쇠고기는 핏물을 닦고, 향채는 다듬어서 깨끗이 씻는다. 냄비에 육수용 쇠고기와 물을 붓고, 센불에 올려 끓으면 중불로 낮추어 30분 정도 끓이다가, 향채를 넣고 20분 정도 더 끓인다. 쇠고기는 건져 내고 국물은 식혀서 면보에 걸러 육수를 만든다.
2. 밀가루에 소금과 물을 넣고 반죽하여, 젖은 면보에 싸서 30분 정도 둔다.
3. 다진 쇠고기와 돼지고기, 닭고기는 핏물을 닦는다. 숙주는 꼬리를 떼어내 깨끗이 씻고, 배추김치는 속을 털어 내고, 곱게 다져서 물기를 꼭 짠다. 두부는 물기를 짜서 곱게 으깬다.
4. 달걀은 황백지단을 부쳐 3㎝ 정도의 길이로 채 썬다.

만드는 방법

1. 냄비에 물을 붓고 센불에 올려 끓으면, 소금과 숙주를 넣고 2분 정도 데친 후 길이 0.5㎝ 정도로 썰어서 물기를 짠다.
2. 다진 쇠고기와 돼지고기, 닭고기, 숙주 · 배추김치 · 두부를 한데 섞고, 만두소 양념으로 양념한다.
3. 만두피 반죽은 밀대로 두께 0.2㎝ 정도로 밀어서 직경 7~8㎝로 둥글게 만든다.
4. 만두피에 만두소를 넣고 반으로 접어 붙이고, 양쪽 끝은 서로 맞붙여서 둥글게 만두를 빚는다.
5. 냄비에 육수를 붓고, 센불에 올려 끓으면 만두를 넣고 끓여 만두가 익어서 떠오르면, 중불로 낮추어 청장과 소금을 넣고 간을 맞추어 4분 정도 더 끓인 다음, 그릇에 담고 황백지단과 미나리 초대를 얹어 양념장과 함께 낸다.

Tip

- 개성에서는 만두소로 쇠고기와 돼지고기 및 닭고기를 함께 사용한다.
- 만두소는 재료를 너무 꼭 짜면 부드럽지 않다.
- 고명으로 미나리초대를 얹기도 한다.

Story Telling

개성 김치만두는 추운 북쪽지방의 음식으로 밀가루로 만든 만두피에 쇠고기나 돼지고기 및 꿩고기나 닭고기 등을 다져 넣고 잘 익은 배추김치와 두부 및 채소 등을 갖은 양념하여 소로 넣고 찐 음식이다. 개성에서는 섣달 그믐날이면 설에 먹을 만두를 빚는 것이 큰 행사 중 하나였다. 가족 모두 만두를 많이 만들어 광주리에 가득 채워 꽁꽁 얼려두고 정월 내내 아침과 저녁으로 즐겨 먹는다. 『서울잡학사전』에 의하면 우리나라는 예부터 밀이 귀해서 남쪽에서는 메밀로 만두를 빚어 먹었는데, 개성지방에서 밀로 만두를 빚어 먹었던 것이 남쪽으로 전해져서 지금의 만두가 되었다고 한다. 지방에 따라 만두의 모양이나 형태가 다양하고 이름도 다르다. 개성에서는 만두를 편수라고 한다.

84

개성김치만두

재료 및 분량

다진 쇠고기 70g, 다진 돼지고기 70g
다진 닭고기 70g, 숙주 350g, 두부 250g
배추김치 250g
양념 : 소금 ¼작은술, 다진파 2작은술,
다진마늘 2작은술, 깨소금 1작은술,
후춧가루 ⅛작은술, 참기름 2작은술

만두피 반죽 : 밀가루 1½컵, 소금 ⅓작은술, 물 4큰술
덧가루 2큰술
양념장 : 간장 1큰술, 고춧가루 ½큰술
다진파 ½큰술, 다진마늘 ½작은술
깨소금 1작은술, 후춧가루 ⅛작은술
참기름 ½큰술

재료 준비

1. 밀가루에 소금과 물을 넣고 반죽하여, 젖은 면보에 싸서 30분 정도 두었다가 밀대로 두께 0.2㎝ 정도로 밀고, 직경 8㎝ 정도로 둥글게 만두피를 만든다.
2. 다진 쇠고기와 돼지고기 및 닭가슴살은 핏물을 닦는다.
3. 숙주는 꼬리를 떼고 깨끗이 씻고, 두부는 물기를 꼭 짜서 곱게 으깬다.
4. 배추김치는 속을 털어 내고, 곱게 다져서 물기를 꼭 짠다.

만드는 방법

1. 냄비에 물을 붓고 센불에 올려 끓으면, 소금과 숙주를 넣고 2분 정도 데친 다음, 길이 0.5㎝ 정도로 썰고 물기를 짠다.
2. 다진 쇠고기와 돼지고기 및 닭고기에 준비한 숙주, 두부, 김치를 함께 넣고 양념을 넣어 고루 섞어서 만두소를 빚는다.
3. 만두피 가운데에 만두소를 놓고 반으로 접어 붙이고, 양쪽 끝은 서로 맞붙여 둥글게 만두를 빚는다. 찜기에 물을 붓고 센불에 올려 끓으면, 젖은 면보를 깔고 만두를 넣고 10분 정도 찐다.
4. 양념장과 함께 낸다.

Tip

- 만두의 소를 만들 때 재료의 수분을 너무 꼭 짜면 만두가 부드럽지 않다.
- 예전에 만두피를 만들 때는 주전자 뚜껑을 사용하기도 했다.
- 개성의 만두는 닭의 목뼈를 곱게 다져서 넣기도 한다.

Story Telling

개성 김치국은 시원한 멸치다시마국물에 잘 익은 배추김치와 콩나물, 통통한 굴을 넣어 시원하게 끓인 국이다. 개성지방의 김칫국은 굴을 넉넉히 넣는 것이 특징으로 두부를 넣기도 하며, 멸치다시마국물 대신 무와 북어를 넣고 국물을 내기도 한다. 개성배추김치는 항상 국물이 넉넉했는데 잘 익은 배추김치 국물은 색도 예쁘고 달면서도 톡 쏘는 맛이 있었다. 추운 겨울 배가 고플때 살얼음이 살짝 낀 김칫국에 밥을 말아 먹을 때 너무 추워 이불을 뒤집어쓰고 덜덜 떨면서 한 그릇을 먹고 나면 이한치한(以寒治寒)으로 건강한 겨울을 날 수 있다고 한다.

85

개성김치국

재료 및 분량

배추김치 250g, 콩나물 50g, 굴 120g
실파 20g
멸치다시마 국물 :멸치 40g, 다시마 5g
물 $7\frac{1}{2}$컵
청장 1작은술, 소금 $\frac{1}{2}$작은술

재료 준비

1. 배추김치는 속을 털어내고 길이로 반을 잘라 폭 2cm 정도로 썬다.
2. 콩나물은 꼬리를 떼어 내고 깨끗이 씻는다.
3. 실파는 다듬어서 깨끗이 씻고, 길이 3cm 정도로 썬다.
4. 굴은 소금물에 살살 흔들어 씻고 체에 밭쳐서 물기를 뺀다.
5. 멸치는 머리와 내장을 떼어 내고, 다시마는 면보로 닦는다.

만드는 방법

1. 냄비에 멸치를 넣고 중불에서 2분 정도 볶다가 물을 붓고 센불에 올려 10분 정도 끓으면 다시마를 넣고 불을 끄고 5분 정도 두었다가 체에 걸러서 멸치다시마 국물을 만든다.
2. 냄비에 멸치다시마 국물을 붓고 배추김치와 콩나물을 넣어서 센불에 올려 끓으면 중불로 낮추어 10분 정도 끓인다.
3. 콩나물이 익으면 굴을 넣고 청장과 소금으로 간을 맞추어 3분 정도 더 끓인다.
4. 굴이 익으면 실파를 넣고 약불로 낮추어서 1분 정도 끓인다.

Tip

- 무와 북어를 넣고 국물을 만들기도 한다.
- 너무 오래 끓이면 김치와 콩나물이 물러져서 맛이 없다.
- 김치의 간 정도에 따라 청장과 소금양을 조절할 수 있다.

Story Telling

돼지우거지탕은 사골 육수에 쇠고기양지나 사태를 넣고 푹 끓이다가 얼갈이배추와 콩나물 등 채소를 넣고 끓인 음식이다. 얼갈이배추 대신 말린 우거지를 푹 삶아 넣기도 하는데, 채소가 맛있는 계절인 가을에 배추잎이나 무청을 거두어서 말려 두었다가 신선한 채소를 구하기 힘든 겨울에 삶아서 우거지탕에 넣고 끓이면 별미이다. 겨울에 사골과 우거지를 넣고 푹고아 구뚜름하게 끓여 한 그릇 먹고나면 추위도 물리치고 속이 든든하다. 집안에 행사가 있는 날 삼겹살을 많이 삶는 날이면 어머니께서는 삼겹살을 제육으로 썰어 상에 올리고 육수에 된장을 풀고 우거지를 넣고 푹 끓여 구뚜룸하게 돼지육수 우거지탕을 끓여 주셨다. 사골 우거지 탕도 좋았지만 없던 시절이라 돼지 우거지탕도 맛이 있었다.

86

돼지우거지탕

재료 및 분량

돼지뼈 1kg, 튀하는 물 15컵, 생강 10g
돼지고기 300g, 물 25컵
향채: 파 30g, 마늘 20g, 생강 10g, 양파 50g
얼갈이배추 600g, 콩나물 200g, 파 200g
채소양념장 : 된장 3큰술, 청장 2작은술
고춧가루 1큰술, 다진 파 2큰술, 다진 마늘 1큰술
홍고추 2개, 청양고추 2개
소금 1작은술
고기양념장 : 청장 ½작은술, 다진 파 ½작은술
다진 마늘 ¼작은술

재료 준비

1. 돼지뼈는 물에 담가 1시간마다 물을 갈아 주면서 3번 정도 핏물을 뺀다.
2. 돼지고기는 물기를 닦고, 향채는 다듬어서 깨끗이 씻는다.
3. 얼갈이배추는 다듬어서 깨끗이 씻고, 콩나물은 꼬리를 떼고 깨끗이 씻는다.
4. 파는 다듬어 깨끗이 씻고 길이로 2등분하고 7cm 정도의 길이로 썬다.
5. 홍고추와 청양고추는 씻어 길이 2cm 두께 0.3cm 정도로 어슷 썬다.

만드는 방법

1. 냄비에 튀하는 물을 붓고 센불에 올려 끓으면 돼지뼈와 생강을 넣고 5분 정도 튀한다. 냄비에 물을 붓고 센불에 30분 정도 끓이다가, 약불로 낮추어 떠오르는 거품과 기름을 걷어 가며 3시간 정도 끓인다.
2. 돼지고기를 넣고 20분 정도 끓이다가 향채를 넣고 약불로 낮추어 30분 정도 더 끓여 돼지고기는 건져서 가로 3cm · 세로 4cm · 두께 0.3cm 정도로 썰어 고기양념장을 넣어 양념하고 국물은 식혀서 면보에 걸러 육수를 만든다.
3. 냄비에 물을 붓고 센불에 올려 끓으면 소금과 얼갈이배추를 넣고 3분 정도 데친 다음, 물에 헹구어 물기를 짜고 길이 5cm 정도로 썬다. 파도 1분 정도 데친다.
4. 삶은 우거지와 콩나물 · 파에 채소양념장을 넣고 양념한다.
5. 냄비에 육수를 붓고 양념한 모든 재료를 넣어 센불에 올려 끓으면 10분 정도 끓이다가 중불로 낮추어 30분 정도 더 끓인다. 맛이 충분히 우러나면 홍고추와 청양고추를 넣고 소금으로 간을 맞추어서 2분 정도 더 끓인다.

Tip

- 개성에서는 돼지뼈와 돼지고기를 사용하여 우거지탕을 끓이고 현재는 사골을 넣고 우거지 탕을 끓인다.

Story Telling

섭탕은 껍질있는 홍합으로 끓인 맑은탕에 달걀 줄알을 쳐서 만든 음식이다. 바다에서 나는 것은 다 짠 맛이 있는데 홍합만은 짜지 않고 담백하다고 하여 '담채(淡菜)'라 하고, 본초강목에서는 해폐(海蜌)라 하였다. 특히 자연산 홍합을 '섭조개'라 하여 큰 가마솥에 장작불을 때우면서 한 소쿠리씩 쏟아 부글부글 끓여 홍합이 입을 벌리면 할머니와 아버님께는 제대로 된 홍합탕을 드리고, 어린 우리에게도 한 대접씩 퍼주셨다.

홍합살을 떼어 먹고 남은 홍합껍질을 수저 삼아 국물을 떠서 마셨다. 홍합은 속살이 흰 것과 붉은 것이 있는데, 흰 것은 수컷이고 붉은 것이 암컷으로 맛이 더 좋다.

87

섭탕(홍합탕)

재료 및 분량

껍질 홍합(섭조개) , 물 6컵, 무 150g

양념 : 파 20g, 청양고추 1개, 홍고추 ½개
달걀 1개, 청장 1작은술, 소금 ½작은술
다진 마늘 1작은술

재료 준비

1. 홍합은 깨끗이 씻어서 수염을 떼어 낸다.
2. 무는 깨끗이 씻어 가로 3cm · 세로 2cm · 두께 0.5cm 정도로 나박 썬다.
3. 파와 청양고추 · 홍고추는 씻어서 길이 2cm 두께 0.3cm 정도로 어슷 썬다.
4. 달걀은 풀어 놓는다.

만드는 방법

1. 냄비에 물을 붓고 센불에 올려 끓으면 홍합을 넣고 2분 정도 데친다. 데친 홍합은 껍질과 수염을 떼어 내고 국물은 면보에 거른다.
2. 냄비에 무와 홍합국물을 붓고, 센불에 올려 끓으면 중불로 낮추어 10분 정도 끓인다.
3. 무가 익으면 홍합과 청장 · 소금 · 다진 마늘을 넣어서 간을 맞추고, 청양고추와 홍고추를 넣고 2분 정도 더 끓인다.
4. 약불로 낮추어 줄알을 치고 파를 넣어 뚜껑을 덮고 1분 정도 더 끓인다.

Tip

- 고춧가루를 넣어 얼큰하게 끓여 먹기도 한다.
- 홍합은 깨끗이 씻어 껍질째로 넣고 끓이기도 한다.

Story Telling

우족탕은 우족과 쇠고기 사태, 무, 향채를 넣고 푹 끓여 만든 음식이다. 우족탕은 부족한 단백질과 지방을 보충해 주는 보양음식으로 겨울철뿐만 아니라 여름에도 즐겨 먹는 보양식이다. 우족은 굳기름 때문에 먼저 끓는 물에 튀해서 사용해야 되는데, 이때 인삼의 잔뿌리를 넣으면 누린내가 없어진다. 고서(古書)에 의하면 '쇠고기가 제허백손(諸虛百損)을 보(補)한다'고 하여, 허리가 아픈 병은 소의 허리뼈로 다스렸고 다리가 아픈 병은 소의 우족을 삶아 먹음으로써 병을 치료하였다고 한다. 특히 우족탕은 산후 젖이 잘 안 나오는 산모들이 즐겨 찾는 보양음식이기도 하다. 어머니들이 외출하셔서 집을 비우실 때도 한솥 끓여 놓는 탕이 우족탕이다.

88

우족탕

재료 및 분량

우족 700g, 미삼 20g, 튀하는물 10컵
쇠고기(사태) 300g, 무 ⅓개
물 30컵
파 20g, 소금 ½큰술
향채 : 파 30g, 마늘 40g

재료 준비

1. 쇠고기는 핏물을 닦고 우족은 물에 담가 1시간마다 물을 갈아 주면서 3번 정도 핏물을 뺀다.
2. 향채와 파는 다듬어 깨끗이 씻고, 파는 폭 0.2cm 정도로 썬다.

만드는 방법

1. 냄비에 튀하는 물을 붓고 센불에 올려 끓으면 우족과 넣고 5분 정도 튀한다.
2. 냄비에 튀한 우족과 물을 붓고 센불에 올려 끓으면 5분 정도 더 끓이다가, 중불로 낮추어 2시간 정도 끓인다. 끓이는 도중에 떠오르는 거품과 기름은 걷어 낸다.
3. 쇠고기를 넣고 1시간 정도 끓이다가 무와 향채를 넣고 30분 정도 더 끓인다.
4. 우족은 건져서 살만 발라내고, 무와 쇠고기는 건져서 가로 2.5cm · 세로 4cm · 두께 0.3cm 정도로 썬다. 육수는 식혀서 기름을 걷어 낸다.
5. 냄비에 육수를 붓고 우족살과 썰어 놓은 쇠고기, 무를 넣고 센불에 올려 끓으면 소금으로 간을 맞추고 2분 정도 더 끓인다.
6. 그릇에 우족탕을 담고 파를 얹어 낸다.

Tip

- 우족은 살만 발라서 양념장을 찍어 먹기도 한다.
- 우족의 양과 물의 양에 따라 더 끓일 수도 있다.

Story Telling

콩비지찌개는 불린 콩을 맷돌에 갈아서 김치와 돼지고기를 넣고 끓인 구수하면서도 영양이 충분한 음식이다. 예전에는 콩비지찌개를 끓이려면 큰 가마솥에 돼지고기와 김치를 썰어 넣고 볶다가 물을 붓고 끓인 다음 그 위에 갈아놓은 콩을 넣고 끓였는데, 한 번 끓어 넘기 시작하면 솥바닥이 보일 정도로 넘기도 했으며, 콩물이 솥바닥에 눌어붙어 탄내가 나는 콩비지찌개를 먹기도 하였다.

비지는 두부를 만들기 위해 즙을 거른 후의 찌꺼기를 일컫는 것으로, 콩을 통째로 갈아서 두부를 따로 뽑아내지 않고 생콩즙 그대로 끓인 것은 '되비지'라 한다. 음식이 풍부하지 않았던 옛날에 비지는 구황식으로 사용되었으며 두부재(豆腐滓), 두부사(豆腐渣), 포재(泡滓), 두사(豆渣) 등 별칭으로 사용되다가 조선시대 세종대 이후부터 비지(比之)라 하였다.

89

개성콩비지찌개

재료 및 분량

흰콩 ⅔컵, 콩 가는 물 3컵
돼지고기(삼겹살) 100g, 삶은 얼갈이배추 100g
물 3컵, 새우젓 2큰술
양념장 : 청장 1작은술, 소금 ½작은술, 다진파 ½큰술
다진마늘 1작은술, 다진생강 ½작은술, 고춧가루 ½작은술
후춧가루 ⅛작은술, 참기름 1작은술

재료 준비

1. 흰콩은 깨끗이 씻어 일어서 물에 8시간 정도 불린다. 믹서에 불린 흰콩과 가는물을 붓고 곱게 간다.
3. 돼지고기와 삶은 얼갈이배추는 가로 1cm · 세로 3cm · 두께 0.3cm 정도로 썰어서 양념장을 넣고 양념한다.

만드는 방법

1. 냄비를 달구어 돼지고기를 넣고 중불에서 2분 정도 볶다가 물을 붓고 센불에 올려 끓으면, 중불로 낮추어서 10분 정도 끓인다.
2. 얼갈이배추와 콩 갈은 물을 넣고 30분 정도 끓인 다음, 새우젓을 넣고 2분 정도 더 끓인다.

Tip

- 검은콩을 불려서 사용하기도 한다.
- 돼지등뼈를 푹고아서 김치와 콩을 갈아서 넣고 끓이기도 한다.

Story Telling

닭젓국찌개는 통통하게 살이 오른 닭을 잘 손질하여 먹기 좋은 크기로 잘라 새우젓으로 간을 맞추어 만든 담백하고 깔끔한 음식이다. 특히 개성의 새우젓은 맛이 달고 곰삭은 것이 비린내가 나지 않는다.

닭젓국찌개는 영양도 있고 새우젓을 넣고 만들어서 소화가 잘되는 음식이다. 예부터 '개성상인'이 유명하듯 개성지방은 무역이 활발하여 먹을 것이 풍부하였다. 개성지방은 고려인삼도 유명했지만 닭과 돼지 및 소 등의 가축이 잘 자라서 개성 지방의 음식은 육류를 이용한 음식이 많다.

90

개성닭젓국찌개

재료 및 분량

닭 600g, 튀하는 물 5컵, 참기름 1큰술
양념 : 청주 1큰술, 다진 파 ½큰술
다진 마늘 1작은술, 생강즙 1작은술
참기름 1작은술
물 4½컵
애호박 ⅓개, 두부 ¼모, 청고추 ½개
홍고추 ½개, 새우젓 2큰술

재료 준비

1. 닭은 내장과 기름기를 떼고 등뼈 사이에 있는 핏물을 긁어 내고 깨끗이 씻어서 가로 · 세로 3~4cm 정도로 자른다.
2. 애호박은 씻어서 길이로 반을 자르고 폭 1㎝ 정도로 썬다.
3. 두부는 가로 2cm · 세로 3cm · 두께 1cm 정도로 썬다.
4. 청 · 홍고추는 씻어서 길이 2㎝ 두께 0.5㎝ 정도로 어슷 썬 다음, 물에 헹구어 씨를 뺀다.

만드는 방법

1. 냄비에 튀하는 물을 붓고, 센불에 올려 끓으면 닭을 넣고 3분 정도 튀한 다음, 물기를 빼고 양념을 넣고 양념하여 30분 정도 둔다.
2. 냄비를 달구어 참기름을 두르고, 양념한 닭고기를 넣고 중불에 2분 정도 볶다가 물을 붓고 센불에 올려 끓으면 중불로 낮추어 20분 정도 끓인다.
3. 애호박과 두부를 넣고 5분 정도 끓이다가 청 · 홍고추와 새우젓을 넣고 간을 맞추어서 2분 정도 더 끓인다.

Tip

- 양념에 들어가는 새우젓은 곱게 다져서 사용한다.
- 씨가 많은 애호박은 씨를 도려내고 사용한다.

Story Telling

호박지찌개는 잘 익은 늙은 호박을 넣고 담근 김치가 맛있게 익으면 돼지고기나 멸치를 넣고 끓인 음식이다. 호박지는 늙은 호박과 우거지를 절여서 갖은 양념하여 익힌 찌갯거리용 김치이다. 김장을 하고 남은 배추 우거지와 무청을 큼직하게 썰어 절이고, 누렇게 늙은 호박도 도톰하게 썰어서 절인 다음, 새우젓과 고춧가루 등 양념을 넣고 담근다.

원래는 황해도지방의 향토음식으로 황석어젓을 넣고 담지만 개성지방은 주로 새우젓을 넣고 담근다. 잘 익은 호박지를 푹 곰삭게 익혀서 돼지고기를 듬뿍 넣고 찌개를 끓여 먹는데 양념을 많이 넣지 않아도 고기가 듬뿍 들어가서 맛이 좋으며, 추운 겨울철에 즐겨 먹는 음식으로 꽁꽁 얼었던 얼굴이 녹아서 화끈화끈 해질 때까지 맛있게 먹었다. 개성에서는 보통 김장김치로는 찌개를 잘 끓이지 않고 찌개용 김치로 호박지를 따로 만들어 두고 겨우내 끓여 먹는다.

91

호박지찌개

재료 및 분량

늙은 호박 500g, 굵은 소금 ½큰술
무청 300g, 배추우거지300g, 굵은 소금 2큰술
쪽파 50g
양념 : 고춧가루 4큰술, 다진 마늘 1큰술
다진 생강 ½큰술, 새우젓 1큰술, 조기젓 30g
젓갈 끓인물 20g(조기젓 뼈 11g, 물 ½컵)

호박지 찌개 : 호박지 300g, 돼지고기 100g, 파 20g
청고추 1개, 홍고추 ½개
양념장 : 청장 1작은술, 다진 파 1작은술
다진 마늘 ½작은술, 생강즙 ½작은술, 깨소금 ½작은술
참기름 ½작은술, 후춧가루 0.1g
물 4컵, 청장 1작은술, 소금 ½작은술

재료 준비

1. 늙은 호박은 씻어서 속을 긁어내고 껍질을 벗겨서 길이 5㎝ 폭 1㎝ 호박 두께로 썬 다음, 굵은 소금을 넣고 2시간 정도 절여서 씻은 후에 물기를 뺀다.
2. 무청은 길이 5㎝ 정도로 자르고, 배추우거지는 가로 · 세로 4㎝ 정도로 썰어서 무청, 배추우거지에 굵은 소금을 넣고 2시간 정도 뒤집어가며 절인 다음, 씻어서 체에 건지고 나서 물기를 뺀다.
3. 쪽파는 다듬어서 깨끗이 씻고 길이 5㎝ 정도로 썬다.
4. 호박지 양념용 새우젓은 건지만 굵게 다진다. 조기젓은 살만 포 떠서 다지고, 머리와 뼈는 동량의 물을 붓고 푹 끓여 거른다.
5. 호박지찌개용 돼지고기는 핏물을 닦고, 길이 4㎝ · 폭 2.5cm · 두께 0.3cm 정도로 썰어서 양념장으로 양념한다.
6. 파와 청 · 홍고추는 씻어서 길이 2cm 두께 0.5cm 정도로 어슷 썬다.

만드는 방법

1. 젓갈 끓인 물에 호박지 양념재료를 넣고 고루 섞는다.
2. 절인 호박과 무청, 배추우거지, 쪽파를 함께 넣고 호박지 양념을 넣어 고루 버무려서 항아리에 담아 30일 정도 숙성시킨다.
3. 냄비를 달구어 돼지고기와 숙성된 호박지를 넣고 센불에 2분 정도 볶다가 물을 붓고 5분 정도 끓인다.
4. 찌개가 끓으면 중불로 낮추어 10분 정도 끓이다가 파와 청 · 홍고추를 넣고 소금과 청장으로 간을 맞추어 20분 정도 더 끓인다.

Tip

- 찌개용 돼지고기는 살코기보다 기름이 많은 부위가 맛이 좋다.
- 호박지는 푹 익혀야 찌개 맛이 좋다.

Story Telling

갈비찜은 쇠갈비에 도라지와 무, 표고버섯 등의 채소를 넣고 갖은 양념을 하여 찐 음식이다. 개성의 갈비찜은 도라지를 큼직하게 썰어 넣고 만든 것이 특징인데 집안에 잔치가 있으면 빠지지 않고 상에 오르는 음식이다. 어머니께서는 양푼에 갈비와 도라지를 넣고 갖은 양념을 하여 가마솥이 아닌 양은솥에 담으시고 연탄불에서 익히셨는데 그 맛있는 냄새가 동네에 진동했다. 갈비찜에 들어가는 도라지는 예로부터 '일(一) 인삼, 이(二) 더덕, 삼(三) 도라지'라는 말이 있듯이 생김새뿐만 아니라 약효가 인삼과 비슷하다. 특히 도라지 특유의 쌉싸름한 향을 내는 사포닌 성분은 기침을 멎게 하고 가래를 삭이기 때문에 민간요법으로 약 대신에 사용하였다.

92

개성갈비찜

재료 및 분량

쇠갈비 450g, 튀하는 물 5컵

향채 : 파 ½대, 마늘 2쪽, 양파 ¼개, 물 4컵

쇠고기 양념장 : 간장 2큰술, 설탕 1큰술, 배즙 50g

꿀 1작은술, 청주 1작은술, 다진 파 1큰술, 다진 마늘 ½큰술

깨소금 ½큰술, 후춧가루 ⅛작은술, 참기름 1큰술

표고버섯 5장, 무 60g, 당근⅓개, 도라지 40g

밤 4개, 대추 4개, 잣 1큰술

참기름 1작은술

고명 : 달걀 ½개, 은행 8개

식용유 1작은술

재료 준비

1. 쇠갈비는 길이 5cm 정도로 잘라서 힘줄과 기름기를 떼어 내고, 물에 담가 1시간마다 물을 갈아주면서 3번 정도 핏물을 뺀 다음 폭 1.5cm 정도의 간격으로 칼집을 넣는다.
2. 도라지는 씻어서 껍질을 벗기고 길이 5cm 정도로 자른다. 표고버섯은 물에 1시간 정도 불려서 기둥을 떼고 물기를 닦은 후 2~4등분으로 썬다.
3. 무와 당근은 다듬어 깨끗이 씻고 3cm 정도의 크기로 썰어서 모서리를 다듬는다.
4. 밤은 껍질을 벗기고, 대추는 면보로 닦아서 살만 돌려 깍아 말아 준다.
5. 팬을 달구어 식용유를 두르고, 은행을 넣어 2분 정도 볶아서 껍질을 벗긴다. 잣은 고깔을 떼고 면보로 닦는다.
6. 달걀은 황백지단을 부친 다음 길이 2㎝ 정도의 마름모꼴로 썬다.

만드는 방법

1. 냄비에 튀하는 물을 붓고, 센불에 올려 끓으면 쇠갈비를 넣고 5분 정도 튀한다.
2. 냄비에 갈비와 물을 넣고 10분정도 끓이다 향채를 넣고 10분 정도 더 끓여 갈비는 건지고 육수는 식혀 체에 거른다.
3. 냄비에 쇠갈비와 양념장의 ½량을 넣고, 물을 부어 센불에 6분 정도 올려 끓으면 중불로 낮추어 30분 정도 끓인다.
4. 쇠갈비가 반쯤 익으면 도라지와 표고버섯, 무, 당근, 도라지, 밤을 넣고 나머지 양념장 ½량을 넣고 20분 정도 더 끓인다.
5. 쇠갈비가 익으면 대추와 은행 및 잣과 참기름을 넣고 국물을 끼얹으며 윤기나게 2분 정도 더 조린 다음 그릇에 담고 황백지단을 얹는다.

Tip

- 갈비찜을 할 때는, 중불에서 서서히 익혀야 고기가 부드럽고 간이 잘 스며들어 맛이 좋다.
- 쇠갈비는 핏물을 충분히 빼고 조리해야 고기 누린내가 나지 않는다.
- 갈비찜을 윤기나게 하려면, 고기가 익은 후에 뚜껑을 열고 양념장을 끼얹으며 끓인다.
- 갈비찜에 도라지가 들어가면 맛도 있지만 고기 누린내가 나지 않는다.

Story Telling

개성무찜은 돼지갈비, 닭, 쇠고기, 무를 넣고 갖은 양념하여 찐 음식이다. 개성지방의 가을무는 임금님 수라상에 오를 만큼 단단하고 맛이 좋기로 유명했는데, 어머님은 커다란 무를 듬뿍 넣고 무찜을 자주 해주셨다.

개성은 음식문화가 발달했는데 조랭이떡국이나 편수, 보쌈김치, 약과 등 유명한 음식이 많다. 그중에서도 쇠고기와 닭고기, 돼지고기를 큼직하게 썰어 넣고 하얗게 살이 오른 닭과 가을무와 밤, 대추, 은행 등의 견과류를 넣어 푹 무르도록 찐 '개성무찜'은 육류와 채소의 배합이 영양적으로 뛰어나고 소화가 잘되는 음식이다. 골라먹는 재미라고나 할까, 한 가지 고기만 들어가도 맛있는데 3가지 다른 고기가 동시에 들어갔으니 젓가락이 갈 때마다 어느 것을 먼저 먹을까 행복한 생각을 하면서 맛있게 먹을 수 있는 음식이다.

93

개성무찜

재료 및 분량

무 200g
돼지갈비 110g, 돼지고기(사태) 100g
쇠고기(사태) 100g, 닭고기 100g
튀하는 물 5컵,
양념장 : 간장 2큰술, 설탕 ½큰술, 다진파 1큰술
다진마늘 ½큰술, 생강즙 1작은술, 깨소금 ½큰술
후춧가루 ⅛작은술, 참기름 1큰술
물 2½컵
밤 4개, 대추 4개, 은행 8개, 잣 ½큰술, 꿀 1큰술
달걀 1개, 식용유 ½큰술

재료 준비

1. 무는 다듬어서 깨끗이 씻고 가로 4cm · 세로 3cm · 두께 2.5cm 정도로 썰어 모서리를 다듬는다.
2. 돼지갈비와 돼지고기 · 쇠고기 · 닭고기는 핏물을 닦고, 가로 4cm · 세로 3cm · 두께 2.5cm 정도로 썬다.
3. 밤은 껍질을 벗기고, 대추는 면보로 닦아서 살만 돌려 깎아서 돌돌 만다.
4. 팬을 달구어 식용유를 두르고 은행을 넣어 중불에서 굴려가며 볶아서 껍질을 벗긴다. 잣은 고깔을 뗀다.
5. 달걀은 황백지단을 부쳐 길이 2cm 정도의 마름모꼴로 썰고, 양념장을 만든다.

만드는 방법

1. 냄비에 튀하는 물을 붓고 센불에 올려 끓으면 무를 넣고 1분 정도 데치고, 돼지갈비 · 닭고기를 넣어 2분 정도 튀한다.
2. 냄비에 데친 돼지갈비와 돼지고기 · 쇠고기를 넣고, 양념장의 ⅔량을 넣어 30분 정도 두었다가 물을 붓고 센불에 올려 끓으면 중불로 낮추어서 20분 정도 끓인다.
3. 국물이 반으로 줄어들면 닭고기와 무 · 밤 · 나머지 양념장 ⅓량을 넣어 20분 정도 더 끓인다.
4. 고기가 다 익으면 대추 · 은행 · 잣 · 꿀을 넣고 국물을 끼얹으며 윤기 나게 5분 정도 더 조린다.
5. 국물이 자작해지면 그릇에 담고 황백지단을 얹는다.

Tip

- 개성지방에서 10월에 많이 나오는 맛있는 무를 사용하여 만든 음식이다.
- 개성무찜을 할 때는 중불에서 서서히 익혀야 잘익고 부드럽다.

Story Telling

메밀묵에 잘 익은 배추김치와 채소를 넣고 양념한 음식이다. 메밀묵무침은 출출할 때 간식으로 먹는 음식으로 예전에는 늦은 밤에 꼭 메밀묵 장사가 큰 소리로 메밀묵과 찹쌀떡을 사라고 외치고 다녔다. 그때마다 메밀묵과 찹쌀떡이 먹고 싶어 어머니를 졸라서 사 주시면 너무나 맛있게 먹었다. 메밀묵은 다른 묵과는 달리 씹는 맛이 쫀득하지 않고 뚝뚝 끊어진다. 묵을 쑬 때는 너무 묽으면 풀어지고, 너무 되면 응어리가 지므로 주의해야 한다.

메밀묵은 무침뿐만 아니라 김치와 함께 썰어서 갖은 양념한 다음, 김치 국물이나 동치미 국물, 시원한 육수를 부어 말아 먹으면 훌륭한 묵밥이 된다. 어머니께서 묵을 쑤시는 날이면 그날 저녁은 큰 양푼에 묵무침과 밥을 넣고 비벼서 한 대접씩 나누어 먹는 날이었다. 묵에 넣을 김을 석쇠에 얹고 연탄불에 굽다가 보면 화력이 커서 김이 모두 타 버린 적도 있었다.

94

메밀묵무침

재료 및 분량

메밀묵 1모, 소금 1/4작은술, 참기름 1작은술
배추김치 130g, 쑥갓 10g, 김 1/2장
양념장 : 간장 1작은술, 설탕 1작은술, 다진파 1작은술
다진마늘 1/2작은술, 깨소금 1큰술, 참기름 1큰술

재료 준비

1. 메밀묵은 가로 3cm, 세로 4cm, 두께 1cm 정도로 썰어서 소금과 참기름으로 양념한다.
2. 배추김치는 속을 털어 내고 폭 1㎝ 정도로 썰어서 양념장을 넣고 양념한다.
3. 쑥갓은 다듬어 씻은 다음, 길이 5㎝ 정도로 썬다.

만드는 방법

1. 김은 손으로 비벼 지저분한 것을 떼어내고 앞뒤로 뒤집어 가며 약불에서 10초 정도 구워서 잘게 부순다.
2. 메밀묵에 배추김치와 쑥갓을 함께 넣고 살살 버무린다.
3. 김을 넣고 다시 한번 버무린다음 그릇에 담는다.

Tip

- 묵은 살살 버무려야 부서지지 않는다.
- 묵은 먹기 전에 바로 무쳐야 불지 않는다.

Story Telling

돼지족조림은 손질한 족발에 여러 가지 향신채와 한약재를 넣고 푹 삶아서 양념장을 넣고 조린 음식이다. 개성에서는 마을이나 집안에 큰 잔치가 있을 때면 동네 남정네들이 돼지를 잡아서 부위별로 나누어 음식을 해 먹었는데, 족도 식재료로서 큰 몫을 차지했다.

돼지족조림은 황해도에서 유래되었다. 궁중에서는 쇠고기의 족발을 이용한 족편(足餠)을 만들어 잔칫상에 올렸다. 또한, 일반 가정에서도 돼지족을 먹으면 젖이 잘 나온다고 하여 시어머니가 아기 낳은 며느리에게 먹이는 풍습이 전해져 온다.

95

돼지족 조림

재료 및 분량

돼지족발 1벌(1.8kg), 삶는 물 17컵
계피 15g, 감초 10g, 마른홍고추 2개, 통후추 2g
된장 3큰술, 청주 4큰술
향채 : 무 100g, 양파 100g, 파 50g, 마늘 30g, 생강 30g
물 12컵

양념장 : 간장 4⅓큰술, 설탕 2큰술, 물엿 3큰술
청주 4큰술, 생강즙 1큰술, 후춧가루 ⅛작은술
참기름 1큰술
양념새우젓: 새우젓 1큰술, 고춧가루 ⅛작은술
깨소금 ⅛작은술, 참기름 ½작은술

재료 준비

1. 돼지족은 깨끗이 다듬어 씻어서 물에 2~3시간 정도 담가 핏물을 뺀다.
2. 계피와 감초는 물에 씻고, 마른홍고추는 면보로 닦아서 길이 3㎝ 정도로 자른 후에 씨를 턴다.
3. 향채는 다듬어 깨끗이 씻는다.

만드는 방법

1. 냄비에 튀하는 물을 붓고 센불에 올려 끓으면 돼지족을 넣고 5분 정도 튀한다.
2. 냄비에 물을 붓고 센불에 올려 끓으면 돼지족과 계피, 감초, 마른홍고추, 통후추를 넣고 중불로 낮추어서 1시간 정도 삶는다.
3. 돼지족이 반 정도 익으면 된장과 청주, 향채를 넣고 1시간 정도 삶은 다음, 체에 건져 물기를 뺀다.
4. 냄비에 물과 양념장을 넣고 센불에 올려 끓으면 돼지족을 넣고 30분 정도 끓이다가 중불로 낮추어 30분 정도 더 끓이고, 약불로 낮추어서 양념장을 끼얹어 가며 30분 정도 조린다.
5. 돼지족은 채반에 건져 식으면 먹기 좋게 썰어 담고 새우젓을 곁들인다.

Tip

- 숫돼지의 앞발보다 암돼지의 앞발이 질감이 부드럽고 맛이 좋다.
- 돼지족은 푹 삶지 않으면 질기므로 충분히 삶는다.
- 돼지족 삶은 국물에 양념을 넣고 졸이기도 한다.

Story Telling

배추전유어는 배추잎에 쇠고기를 붙여 밀가루와 계란을 씌워 기름에 지진 음식이다. 개성은 가을 김장철이 되면 배추와 무가 유난히 달고 맛있었다. 배추전유어를 쉽게 만드는 방법은 배추 1포기를 손질하여 가운데를 길이로 자른 다음에 배추잎을 한 잎씩 떼어내어 끓는 물에 데쳐서 밀가루를 묻히고 다져서 양념한 쇠고기를 한쪽면에 붙여서 달걀을 씌워서 기름에 지지셨다.

그러나 어머니께서는 우리가 출출할때는 쇠고기를 넣지 않고 데친 배춧잎을 밀가루 즙에 담구었다가 한 잎씩 크게 전을 부쳐 주시면 길게 쭉쭉 찢어 양념장을 찍어 먹었다. 잔치 때는 배추 잎에 고기를 양념하여 넣고 싸서 전을 부치기도 하셨다. 개성뿐만 아니라, 경상도 지방에서도 배추와 무를 이용하여 기름을 두르고 부침개를 만들어 먹는다.

96

배추전유어

재료 및 분량

배추 $\frac{1}{4}$통(400g), 소금 $\frac{1}{4}$큰술
참기름 1작은술, 쇠고기 200g
양념장 : 간장 $\frac{1}{2}$큰술, 설탕 1작은술, 다진파 2작은술
다진마늘 1작은술, 깨소금 1작은술, 후춧가루 $\frac{1}{8}$작은술
참기름 1작은술, 밀가루 80g, 달걀 3개, 소금 $\frac{1}{3}$작은술
식용유 50g

재료 준비

1. 배추를 한잎씩 떼어 깨끗이 씻는다.
2. 쇠고기는 곱게 다져 양념장을 넣고 양념하여 소를 만든다.
3. 달걀에 소금을 넣고 잘 푼다.

만드는 방법

1. 냄비에 물을 넣고 센불에 올려 끓으면 소금을 넣고 배추줄기부터 넣고 2분 정도 데쳐서 헹구어 물기를 뺀 다음, 3~4cm 폭으로 썰어 소금과 참기름으로 밑간을 한다.
2. 배추에 밀가루를 묻히고 준비한 쇠고기소를 배추 한쪽면에 붙인다.
3. 준비한 재료에 밀가루를 입히고 달걀물을 씌워서 달구어진 팬에 식용유를 두르고 소가 있는 부분부터 앞뒤로 노릇하게 지진다.
4. 초간장과 함께 낸다.

Tip

• 데친 배추잎을 통째로 밀가루즙을 입혀서 팬에 지지기도 한다.

Story Telling

행적은 알맞게 익은 배추김치와 양념한 돼지고기 삼겹살을 꼬치에 꿰어지진 음식이다. 황해도 지역에서는 행적이라고 불리는 김치적은 배추김치에 밀가루와 달걀물을 입혀서 기름에 지진 음식으로 돼지기름이 김치속에 배어들어 고소하면서도 맛이 있다. 주로 김치가 알맞게 익은 겨울에 북쪽지방에서 많이 해먹던 음식이다.

어린 시절 김치적에 돼지살고기도 아닌 돼지비계만 넣은 김치적이 왜 그리 맛있었는지, 가마솥 뚜껑을 거꾸로 엎어서 돼지비계를 녹인 후에 김치적을 부치는 날이면 그 고소한 냄새가 동네를 진동하여 모두 나누어 먹었고, 우리도 큰 채반에 김치적이 쌓일 시간이 없이 부치는 대로 맛있게 먹었다.

97

행적

재료 및 분량

배추김치 120g, 깨소금 1작은술, 참기름 1작은술
돼지고기(삼겹살) 150g
양념장 : 간장 1큰술, 설탕 ½큰술, 다진파 1작은술
다진마늘 ½작은술, 깨소금 1작은술, 후춧가루 ⅛작은술
참기름 ½작은술

파 100g
밀가루 3큰술, 달걀 2개, 꼬치 8개
식용유 4큰술
초간장 : 간장 1큰술, 식초 1큰술, 물 1큰술
잣가루 1작은술

재료 준비

1. 배추김치는 속을 털어 내고 꼭 짠 다음, 길이 8cm 폭 1.5cm 정도로 썰어서 깨소금과 참기름으로 양념한다.
2. 돼지고기는 길이 9cm · 폭 3cm · 두께 0.5cm 정도로 썰어서 양념장을 넣고 양념한다.
3. 파는 다듬어 씻어 길이 8cm 정도로 썬다. 달걀은 풀어 놓는다.

만드는 방법

1. 꼬치에 양념한 김치와 파 · 돼지고기 · 파 · 김치를 차례로 꿰고 밀가루를 입히고 달걀물을 씌운다.
2. 팬을 달구어 식용유를 두르고 김치적을 놓은 다음, 중불에서 앞뒤로 노릇하게 지진다.
3. 초간장과 함께 낸다.

Tip

- 전통적인 김치적은 더 길게 만들어서 먹을 때에 잘라 먹었다.
- 김치적을 그릇에 담을 때는 꼬치를 빼고 놓는다.

Story Telling

빈대떡은 불린 녹두를 갈아서 다진 고기와 채소 및 김치를 넣고 기름에 지진 음식이다. 맛이 고소하고 특별하여 잔치 때 빠지지 않고 상에 오르는 음식이다. 예전에는 기름에 부친 고기를 제사상이나 교자상에 올려놓을 때 밑받침용으로 빈대떡을 사용하였다. 위에 고기를 놓고 받침으로 놓았다가 먹기 때문에 맛있는 고기 국물이 배어들어 대단히 맛이 있었다고 한다. 없는 빈자(貧者)가 먹는 떡이라 하여 빈자떡(貧者餠)이라 불리우다 최근에는 귀한 손님을 대접하는 떡이라는 뜻으로 빈대떡(賓對)으로 변했다.

우리나라 사람만 좋아하는 빈대떡이 아니고 세계인이 모두 좋아하는 음식이 되었다.

98

빈대떡

재료 및 분량

거피녹두 $\frac{1}{2}$컵, 물, 소금 $\frac{1}{4}$작은술
배추김치 40g , 불린 고사리 20g
다진 돼지고기 30g
양념장 : 간장 $\frac{1}{2}$작은술, 다진 파 1작은술
다진 마늘 $\frac{1}{2}$작은술, 후춧가루 0.1g
참기름 $\frac{1}{2}$작은술
숙주 50g, 데치는 물 2컵, 소금 $\frac{1}{8}$작은술

양념 : 소금 $\frac{1}{8}$작은술, 참기름 $\frac{1}{2}$작은술
청고추 $\frac{1}{2}$개, 홍고추 $\frac{1}{3}$개
식용유 3큰술
초간장 : 간장 1큰술, 식초 1큰술, 물 1큰술

재료 준비

1. 거피녹두는 8시간 정도 불려 비벼서 껍질을 벗기고 깨끗이 씻어 일어서 체에 밭쳐 물기를 뺀다.
2. 배추김치는 속을 털고 꼭 짜서, 길이 1cm 정도로 송송 썬다.
3. 불린 고사리의 질긴 부분은 잘라 내고 길이 2cm 정도로 썰고, 숙주는 꼬리를 떼고 깨끗이 씻는다.
4. 청 · 홍고추는 길이 1cm 두께 0.2cm 정도로 어슷 썬다.

만드는 방법

1. 믹서에 녹두와 물을 붓고 1분 정도 갈아서, 소금으로 간을 한다.
2. 냄비에 물을 붓고, 센불에 올려 끓으면 소금과 숙주를 넣고 2분 정도 데친 다음 길이 2cm 정도로 썰고, 다진 돼지고기와 배추김치 · 고사리 · 숙주와 함께 섞어 양념장으로 양념한다.
3. 팬을 달구어 식용유를 두르고, 중불에서 갈아 놓은 녹두를 놓고, 직경 5~6cm로 둥글게 만들어 양념한 채소와 돼지고기 섞은 것을 얹고, 다시 갈아 놓은 녹두를 올린다.
4. 그 위에 청 · 홍고추를 얹고 앞면은 4분, 뒤집어서 2분 정도 노릇하게 지진다.
5. 초간장과 함께 낸다.

Tip

- 녹두를 믹서에 갈 때, 멥쌀이나 찹쌀을 불려서 함께 넣기도 한다.
- 모든 재료를 함께 넣고 섞어서 지지기도 한다.
- 빈대떡을 크게 부쳐서 먹기 좋은 크기로 썬다.
- 녹두는 곱게 갈면 식감이 좋지 않으므로 거칠게 갈아서 해야 부드럽다.

Story Telling

움파산적은 추운 겨울에 움파와 쇠고기를 양념하여 꼬지에 꿰어 지진음식이다. 김장할 때 어머니께서는 늘 대파를 많이 사다가 뿌리 쪽을 10cm 정도 잘라서 화분에 심어 움파를 키우셨다. 움파가 자라면 잘라서 음식에 사용하고 또 자라면 쓰기 때문에 겨울 내내 움파는 여러 가지 음식에 요긴하게 쓰였다.

움파가 연한 노란빛을 띤 연두색으로 자라면 고기와 함께 꼬치에 꿰어 지져먹는 맛은 별미 중에 별미이다.

집안에 잔치가 있는 날이면 학교에서 돌아와서 가방만 벗어놓고는 부엌으로 들어가서 어머니를 도와 움파와 고기를 꼬지에 꿰어 움파산적을 만들어 드리곤 하였다.

99

움파산적

재료 및 분량

움파 100g, 소금 ¼작은술, 참기름 1작은술
쇠고기(우둔) 140g
양념장 : 간장 1작은술, 설탕 ½작은술, 다진파 ¼작은술
다진마늘 ¼작은술, 깨소금 ½작은술, 후춧가루 0.1g
참기름 1작은술

대꼬치 8개
식용유 1½큰술, 잣가루 1큰술
초간장 : 간장 1큰술, 식초 1큰술, 물 1큰술
잣가루 0.1g

재료 준비

1. 움파는 깨끗이 손질하여 7cm 정도로 자르고 소금과 참기름으로 양념한다.
2. 쇠고기는 핏물을 닦고 길이 8cm · 폭 1.5cm · 두께 0.3cm 정도로 썰어서 잔칼질을 하고 양념장으로 양념한다.
3. 초간장을 만든다.

만드는 방법

1. 꼬치에 움파와 쇠고기를 번갈아 꿰고 양쪽 끝에 움파가 오도록 한다.
2. 팬을 달구어 식용유를 두르고 움파산적을 놓고 중불에서 앞뒷면을 지진다.
3. 그릇에 움파산적을 담고 위에 잣가루를 뿌린다.
4. 초간장과 함께 낸다.

Tip

- 움파가 없을 경우, 쪽파를 이용할 수도 있다.
- 움파산적은 오래 지지면 움파잎이 늘어진다.

Story Telling

개성의 배추는 줄기가 길고 잎이 넓어서 배추와 무에 낙지, 굴, 전복 등의 해물과 밤, 대추, 잣 등의 견과류를 넣고 고루 버무려 배춧잎으로 싸서 담그는 쌈김치가 발달하였다. 갖가지 재료를 감싸서 담는 김치라 하여 개성지방에서는 보(補)김치 또는 쌈김치라고 하는데, 속에 든 재료를 골라 먹는 재미뿐만 아니라 김치를 다 먹고 나서 겉을 감싼 배춧잎을 손으로 찢어 밥에 얹어 먹는 맛도 별미이다. 개성 쌈김치는 다른 김치에 비해 굴, 전복, 낙지 등의 해물 등의 부재료가 가장 많이 들어가는 고급김치로 잔치나 명절에만 특별히 담가 먹었으며, 담그는 데 정성이 많이 드는 데 비해 장기간 저장할 수 없어 김장철에 담가서 겨울철인 설에서 대보름까지 먹을 양만 담가 먹었다.

100

개성쌈김치

재료 및 분량

배추 3포기(4.5kg), 굵은소금 2½컵, 무 1개
배 1개, 갓 50g, 실파 30g, 미나리 50g
표고버섯 3개, 석이버섯 5장
밤 10개, 대추 10개, 실고추 3g
잣 2큰술, 새우젓 ½컵, 조기젓(황석어젓) ¼컵
생굴 1컵, 낙지 1마리, 파 160g, 마늘 2통
생강 50g, 고춧가루 2컵
고운소금 4큰술, 설탕 3큰술

재료 준비

1. 배추는 다듬어 길이로 포기의 반만 칼집을 넣고 쪼개어 15% 정도의 굵은 소금물에 6~8시간 절여 깨끗이 씻어 물기를 뺀 다음, 잎 부분은 잘라서 보쌈용으로 사용한다.
2. 무와 배는 3cm 크기와 0.5cm 두께로 썬다.
3. 갓과 실파, 미나리는 깨끗이 씻어 3~4cm 길이로 썰고 파도 손질하여 채 썬다. 불린 표고버섯과 석이버섯은 손질하여 채 썰고 밤은 껍질 벗겨서 7개는 0.5cm 정도의 두께로 채 썰고, 나머지는 밤 모양으로 썬다. 대추는 돌려깍아 채 썰고 실고추는 2~3cm 길이로 자르고 잣은 고깔을 뗀다.
4. 새우젓과 황석어젓은 곱게 다진다. 굴과 낙지는 소금물에 씻어 건지고 낙지는 2cm 크기로 썬다.

만드는 방법

1. 고춧가루를 미지근한 물에 불리고 대추, 잣, 석이버섯을 제외한 모든 재료를 넣고 양념하여 김치소 양념을 만든다.
2. 김치보시기에 썰어 놓은 배추잎을 풀어지지 않게 3~4장 정도 펴놓고 잎을 자르고 남은 배추줄기는 3cm길이로 썬 다음, 둥글게 모아서 담고, 썰어 놓은 배추 사이사이에 무와 배 및 김치소를 넣고 나머지는 위에 얹고 굴과 밤, 대추, 석이, 잣을 더 올려 놓고 풀어지지 않도록 심지 잎을 마주 덮어서 꼭꼭 싼다.
3. 완성된 김치를 항아리에 차곡차곡 담고 조기젓 달인 국물에 고운 소금으로 슴슴하게 간을 맞추어 붓는다.

Tip

• 조기젓(황석어젓)은 포를 뜨고 남은 머리나 뼈는 물을 넣고 푹 끓여 김치국물로 사용한다.

Story Telling

약식(藥食)은 찰쌀밥에 꿀과 간장으로 양념하고 대추, 밤, 잣 등의 견과류를 넣고 찐 음식으로, 약밥(藥飯)이라고도 한다. 지금은 간단하게 하느라 모두 찜통에 쪄서 만들지만, 어머니께서는 약식을 하실 때는 가마솥에 시루를 앉히고 고두밥을 찐 다음에 약식 양념을 넣고 버무릴 때 찰밥이 식으면 뭉쳐서 안 된다며 뜨거울 때 버무리시고 다시 끓는 물에 그릇채 넣어 중탕으로 여러 시간 찌셨다. 어머니께서는 딸들에게는 합에 담아 주시고, 오빠들은 주발에 담아 주셨다. 고려시대 일연 스님이 쓴『삼국유사(三國遺事, 1281년)』에 의하면 신라 21대 소지왕(재위 479~500년)이 정월 대보름날(上元日)에 까마귀의 도움으로 목숨을 구하게 되자 이 날을 까마귀 제삿날로 삼아 은혜를 갚고자 찰밥을 검게 만들어 까마귀에게 먹였다고 한다. 훗날 이 풍습이 전해져서 정월 대보름의 시식(時食)뿐만 아니라, 제물로도 쓰였으며, 잔칫상에 빠지지 않고 오르는 음식으로, 밥에 속하지 않고 떡류에 속한다.

101

약식

재료 및 분량

찹쌀 1½컵, 찹쌀 찌는 물 8컵(1.6kg)
소금물 : 물 3큰술, 소금 1/6작은술
밤 3개, 대추 5개, 잣 1작은술
대추씨 끓인 물 : 대추씨 5개, 물 1컵
양념 : 간장 2½작은술, 약식 소스 2큰술, 황설탕 3큰술
계핏가루 ¼작은술, 대추씨 끓여 거른물 ½큰술
꿀 2큰술, 설탕 2큰술, 참기름 ½큰술

약식소스 : 설탕 2큰술, 식용유 1작은술
녹말 ¼큰술, 더운 물 3큰술

재료 준비

1. 찹쌀은 깨끗이 씻어 일어서 물에 3시간 정도 불린 다음, 체에 받쳐 물기를 뺀다.
2. 대추는 면보로 닦은 다음, 살만 돌려 깎아서 6등분하고 씨는 따로 둔다.
3. 밤은 껍질을 벗기고 6등분한다.
4. 잣은 고깔을 떼고, 면보로 닦는다.

만드는 방법

1. 찜기에 물을 붓고 센불에 올려 김이 오르면, 젖은 면보를 깔고 찹쌀을 넣고 20분 정도 찐 다음, 소금물을 고루 끼얹고, 나무주걱으로 섞어서 30분 정도 더 찐다.
2. 냄비에 대추씨와 물을 붓고 뚜껑을 덮어, 중불에서 15분 정도 끓인 다음, 체에 걸러 대추씨 끓인 물을 만든다.
3. 냄비에 설탕을 넣고 식용유를 두른 다음, 약불에 올려 설탕이 녹아 갈색 설탕물이 생기면 녹말물을 넣고, 고루 섞어 끓여서 약식 소스를 만든다.
4. 찐 찹쌀이 뜨거울 때 약식 양념을 넣고 고루 섞은 다음, 밤 · 대추 · 잣을 넣고 섞는다.
5. 찜기에 약식을 담은 그릇을 넣고 중탕으로, 센불에 올려 10분 정도 찌고, 불을 낮추어 중불에서 1시간 정도 찐다.

Tip

- 약식은 밥알이 푹 무르면서도 질지 않고, 고슬고슬하게 쪄야 맛이 좋다.
- 약식을 만들 때, 찜기에 찌는 것보다 중탕으로 쪄야 갈색이 더 진해지고 맛과 향이 좋다.

Story Telling

개성의 약과는 밀가루에 참기름과 꿀, 청주, 생강즙, 소금, 후추를 넣고 반죽하여 튀긴 것을 집청에 재웠다가 먹는 한과이다. 약과판에 찍어내는 보통의 약과와는 달리, 밀가루반죽을 편편하게 밀어서 네모지게 썬 다음에 튀겨서 집청한 것으로 모약과라고도 한다. 원래는 큼지막하게 썰어서 제사상이나 잔칫상에서 고임용으로 사용했으나 맛이 좋아 손님에게 대접하게 된 것이 지금의 모약과가 되었다고 한다. 어머니께서는 과즐을 만드실 때는 가마솥 뚜껑을 연탄불에 엎어 놓고 쇼팅을 녹여서 튀겼는데 이것이 지금의 약과이다. 예부터 귀하게 여겨온 약과는 고려시대 때 크게 유행하여 왕족과 귀족, 그리고 사원과 민가에서도 널리 즐겨먹었으며 몽고에서까지 '고려병'으로 그 이름을 떨쳤다고 한다.

102

개성약과

재료 및 분량

밀가루(중력분) 360g, 참기름 6큰술

양념 : 꿀 6큰술, 청주 4큰술, 소금 ½작은술
생강즙 2작은술, 흰후춧가루 ½작은술
계핏가루 ½작은술

집청 : 꿀 2컵, 계피 20g

식용유 4컵

재료 준비

1. 밀가루는 체에 내린 다음 참기름을 넣고 고루 비벼서 다시 체에 내린다.
2. 약과 양념을 만들어 밀가루에 넣고, 고루 섞어 뭉치듯이 가볍게 반죽한다.
3. 밀가루 반죽을 밀대로 밀어 펴서, 반으로 접고 다시 밀어 펴서 5번 정도 반복하여 접고, 두께 1cm 정도로 평평하게 밀어 편다.
4. 약과 반죽은 가로 7cm · 세로 8cm 정도로 잘라서 열십자로 칼집을 넣는다.
5. 집청을 만든다.

만드는 방법

1. 팬에 식용유를 붓고 중불에 올려서 기름 온도가 85~90℃가 되면 약과 반죽을 넣고, 15분 정도 튀긴다.
2. 반죽이 기름 위로 모두 떠오르면, 센불로 올려서 기름 온도가 140~145℃ 정도가 되면, 앞뒷면이 갈색이 되도록 뒤집어 가며 10분 정도 더 튀긴다.
3. 튀겨진 약과는 체에 받쳐 5분 정도 기름을 빼고, 집청에 넣고 5~6시간 정도 둔다.
4. 집청한 약과는 체에 밭쳐서 2시간 정도 집청을 뺀다.

Tip

- 반죽할 때 너무 치대지 말고 가볍게 접듯이 반죽해야, 끈기가 생기지 않고 튀겼을 때에 켜가 많이 생겨서 바삭하다.
- 집청에 유자청을 넣기도 한다.
- 고명으로 잣과 대추 및 호박씨를 올리기도 한다.

Story Telling

개성의 엿강정은 들깨와 흑임자, 흰깨에 조청과 다진생강을 넉넉하게 넣고 버무린 후에 콩가루를 뿌려서 굳힌 다음, 네모지게 썬 한과이다. 개성의 강정은 겉에 콩가루를 듬뿍 무쳐서 고소할 뿐만 아니라 입안에 퍼지는 생강의 알싸한 향이 특징이며 여러 종류의 강정의 맛으로 그 집안 어머니들의 솜씨를 가늠하곤 하였다. 명절 때가 되면 어머니께서는 강정용 쌀과 콩을 뻥튀기 아저씨한테 튀겨 오시고 참깨, 들깨, 검정깨를 볶으시느라 바쁘셨다. 엿을 녹여 엿물을 만들어 재료를 넣고 강정을 버무려 밀어 놓으면, 우리들은 버무려 밀어놓은 강정을 굳히기 위해 밖으로 내놓고 들여오는 일을 하였고, 어머니께서는 썰어놓은 강정을 어른이 드시는 반반한 것과 아이들이 먹을 자투리를 나누어 강정을 장독대의 항아리에 차곡차곡 담으셨다.

그 당시에는 항아리가 냉동고 역할을 했다. 눈이 오는 날이면 항아리 뚜껑에 눈이 소복히 쌓이는데, 학교에서 돌아오면 가방을 벗어 놓기가 무섭게 두꺼운 외투의 소매부리를 손으로 끄집어내려 잡고 팔꿈치로 눈을 쓸어내고, 항아리 뚜껑을 열고는 강정을 꺼내 먹곤하였다. 지금 생각해 보니 그 당시에는 겨울철에 코가 나오면 소매부리로 쓱쓱 코를 문질러 닦아서 아이마다 소매부리가 반들반들했는데, 그래도 강정은 너무 맛있었다.

103

개성엿강정

재료 및 분량

들깨 1컵, 시럽 ¼컵
흑임자 1컵, 시럽 ¼컵
흰깨 1컵, 시럽 ¼컵
물 ½컵, 설탕 1½컵, 조청 3컵, 생강 200g
노란콩가루 ½컵
대추 1개

재료 준비

1. 흰깨는 1시간 정도 물에 불려 비벼서 껍질을 벗기고, 물에 뜨는 껍질은 체로 떠서 버리고 가라앉은 깨는 씻어 일어서 체에 밭쳐서 물기를 뺀다.
2. 들깨와 흑임자는 깨끗이 씻어 일어서 체에 밭쳐 물기를 뺀다.
3. 대추는 면보로 닦고 살만 돌려 깎아서 꽃모양으로 만든다.

만드는 방법

1. 팬을 달구어 들깨 · 흑임자 · 흰깨를 각각 넣고 중불에서 5분 정도 볶다가 약불로 낮추어서 10분 정도 더 볶는다.
2. 조청에 물과 설탕과 다진 생강을 넣고 끓여서 시럽을 만들고 들깨와 검은깨 · 흰깨를 각각 넣고 중불에서 고루 버무리면서 1분 30초 정도 볶는다.
3. 조리대 위에 강정틀을 놓고 비닐을 깔고 콩가루를 뿌려 시럽에 버무린 들깨, 흑임자, 흰깨를 각각 고루 편다. 다시 콩가루를 위에 뿌린 다음, 밀대로 두께 0.5cm 정도로 밀어 편다.
4. 강정이 굳으면 가로 2.5cm 세로 3cm 정도로 자른다.
5. 대추꽃으로 장식하고 그릇에 담는다.

Tip

- 조청에 생강을 넣고 오래 끓이면 쓴맛이 나므로 시간에 유의한다.
- 계절에 따라 생강이 들어가는 양을 가감한다.
- 강정은 여름이나 습기가 많은 계절에는 설탕의 양을 늘린다.

Story Telling

꿩엿은 꿩 육수에 엿기름을 풀어 조밥을 넣고 삭혀서 꿩을 찢어 넣고 조린 음식이다. 옛날에는 지금처럼 단맛을 내는 설탕이나 꿀이 흔치 않아서 엿기름물에 밥을 삭혀 고아서 만든 조청이나 엿을 만들어 먹었다. 특히 꿩엿은 추운 겨울철 영양을 보충해 주는 음식일 뿐만 아니라 감기를 치료해 주는 약으로도 쓰였기에 꿩을 잡을 때면 좁쌀로 엿을 고아서 단지나 항아리에 담고는 선반이나 벽장에 올려놓고 겨우내 약 대신 먹었던 음식이다. 할머니가 안 계시면 엿이 먹고 싶어 오빠가 엎드리면 내가 오빠의 등을 밟고 올라가 꿀단지를 꺼내다가 깨뜨려서 꾸중을 듣고, 온 방에 엿이 튀면 끈적끈적한 것을 닦아내면서 여전히 손에 묻은 엿이 아까워서 빨아 먹었던 기억이 있다.

104

꿩엿

재료 및 분량

생치(꿩) ⅓마리, 튀하는 물 6컵
물 25컵
향채 : 파 20g, 마늘 20g, 생강 10g
엿기름가루 2컵(220g), 생치육수 20컵
찹쌀 4컵(밥 6공기)
설탕 ½컵

재료 준비

1. 생치는 내장과 기름을 떼어 내고 깨끗이 씻는다.
2. 향채는 다듬어 깨끗이 씻는다.
3. 찹쌀은 깨끗이 씻어 일어서 물에 30분 정도 불린 다음, 체에 밭쳐 10분 정도 물기를 뺀다.

만드는 방법

1. 냄비에 물을 붓고 센불에 올려 끓으면 생치를 넣고 5분 정도 튀한다. 다시 냄비에 물을 붓고 센불에 올려 끓으면 생치를 넣고 중불로 낮추어 30분 정도 끓인 다음 향채를 넣고 30분 정도 더 끓인다.
2. 생치는 건져서 살을 발라 길이 5cm 폭 · 두께 0.5cm 정도의 굵기로 찢고 국물은 식혀서 체에 걸러서 육수를 만든다.
3. 사 주머니에 엿기름가루를 넣고, 40℃ 정도의 따뜻한 꿩 육수에 1시간 정도 담근 후 주물러서, 건지는 꼭 짜서 버리고 엿기름 물은 가라앉힌다. 앙금이 가라앉으면, 맑은 윗물만 따라 내어 엿기름 물을 준비한다.
4. 냄비에 찹쌀과 물을 붓고, 센불에 올려 끓으면 4분 정도 끓이다가 중불로 낮추어 3분 정도 더 끓이고, 찹쌀이 퍼지면 약불로 낮추어 10분 정도 뜸을 들인다.
5. 보온밥솥에(60~65℃) 찹쌀밥과 엿기름물, 설탕을 넣고 6시간 정도 보온을 하여 삭힌 다음 얇은 주머니에 넣고 주물러 짜서 밥알 삭힌 물을 준비한다.
6. 냄비에 밥알 삭힌 물을 붓고 센불에 올려 끓으면 중불로 낮추어서 뚜껑을 덮고 ⅔정도 졸이다가 꿩살을 넣고 20분 정도 더 졸인다. 끓이는 도중에 떠오르는 거품은 걷어내고 약불로 낮추어 눋지 않도록 저어 가면서 10분 정도 더 끓인다.

Tip

- 꿩엿은 항아리에 보관해 두고 조청처럼 떠서 먹는다.
- 삭힌 밥알은 얇은 주머니에 넣고 물을 1컵 정도 부어 주물러 짜서 국물은 엿물에 같이 조린다.

Story Telling

백자병은 생강즙을 넣는 것이 특징인데, 생강은 다져서 진하게 끓여 놓고 석유곤로에 양푼을 올려놓고 엿을 넣고 생강과 생강물을 다시 더 끓이면서 강정을 버무렸다. 갱엿이 너무 딱딱하면 중탕을 하면서 엿을 녹여 사용한다.

엿강정을 만들 때는 도마 위에 콩가루를 뿌리고 버무린 강정을 쏟아 반대기를 만들어 굳으면 썰었다. 썰어진 강정은 네 귀퉁이가 매끄럽게 되도록 문지르면서 반듯하게 만들었다.

잘 된 강정은 어른께 드릴 것이고 썰다가 부스러진 것은 함지박에 수북하게 담아 아이들의 몫으로 주고, 남은 것은 장독대에 있는 큰 항아리에 차곡차곡 담아 놓고 겨울을 지났다. 특히 정월 대보름에는 엿강정과 엿을 먹어야 치아가 튼튼하다고 새벽잠을 깨워서 먹었다.

105

백자병

재료 및 분량

잣 1.2kg
시럽 : 물엿 285g, 설탕 120g, 물 50g
고명 : 대추 8g
콩가루 : 1컵

재료 준비

1. 잣은 고깔을 떼어 놓고 마른 면보로 깨끗이 닦는다.
2. 팬에 물엿, 설탕, 물을 넣고 끓여 뚝뚝 떨어질 정도가 되도록 끓인다.

만드는 방법

1. 팬에 시럽을 넣고 끓여 시럽에서 실이 나면 잣을 넣고 한 덩어리로 뭉쳐지도록 볶는다.
2. 조리대 위에 강정틀을 놓고 콩가루를 뿌리고 시럽에 버무린 잣을 고루 펴서 놓고 다시 콩가루를 뿌린 다음 밀대로 0.5cm 두께로 민다.
3. 강정이 굳으면 가로 2.5cm, 세로 3cm 정도로 자른다.
4. 대추꽃으로 장식하고 그릇에 담는다.

Tip

· 잣박산은 다른 강정보다 오래 볶고, 굳는 시간도 오래 걸린다.

찾아보기 Index

개성댁들의 **개성음식이야기**

2012년 6월 10일 초판 인쇄
2012년 6월 15일 초판 발행

저 자 윤숙자 · 이명숙

발행인 주 병 오

발행처 지구문화 JIGU PUBLISHING Co.
경기도 파주시 문발동
파주출판문화정보산업단지 518-2
영업부 (031) 955-7566 · 7577
편집부 (031) 955-7731
FAX (031) 955-7730
등록번호 1979년 7월 13일 제 9-57 호

ISBN 978-89-7006-599-1 가격 20,000 원

본서의 무단복제 또는 복사는 저작권법
침해이오니 절대 삼가하시기 바랍니다.